华商律师 | 文库 |
CHINA COMMERCIAL LAW FIRM

1993-2023
30TH ANNIVERSARY

国企改革合规要点

以公司治理和产业布局为视角

KEY POINTS FOR COMPLIANCE
IN STATE-OWNED ENTERPRISE REFORM
IN PERSPECTIVE OF CORPORATE GOVERNANCE AND INDUSTRIAL DISTRIBUTION

吴 波 / 主编
覃 俏 李成娇 沈 媛 / 副主编

法律出版社 LAW PRESS · CHINA
北京

图书在版编目(CIP)数据

国企改革合规要点 : 以公司治理和产业布局为视角 / 吴波主编. -- 北京 : 法律出版社, 2024

ISBN 978-7-5197-8569-7

Ⅰ. ①国… Ⅱ. ①吴… Ⅲ. ①国企改革-研究-中国②公司法-研究-中国③产业布局-研究-中国 Ⅳ. ①F279.241②D922.291.914③F269.24

中国国家版本馆 CIP 数据核字(2023)第 218837 号

国企改革合规要点
——以公司治理和产业布局为视角
GUOQI GAIGE HEGUI YAODIAN
—YI GONGSI ZHILI HE CHANYE BUJU WEI SHIJIAO

吴 波 主编

策划编辑 邢艳萍
责任编辑 邢艳萍
装帧设计 汪奇峰

出版发行 法律出版社
编辑统筹 法律应用出版分社
责任校对 朱海波
责任印制 刘晓伟
经　　销 新华书店

开本 710 毫米×1000 毫米 1/16
印张 12.5 **字数** 220 千
版本 2024 年 1 月第 1 版
印次 2024 年 1 月第 1 次印刷
印刷 三河市兴达印务有限公司

地址:北京市丰台区莲花池西里 7 号(100073)
网址:www.lawpress.com.cn
投稿邮箱:info@lawpress.com.cn
举报盗版邮箱:jbwq@lawpress.com.cn

销售电话:010-83938349
客服电话:010-83938350
咨询电话:010-63939796

书号:ISBN 978-7-5197-8569-7
定价:58.00 元

凡购买本社图书,如有印装错误,我社负责退换。电话:010-83938349

谨以此书献给华商律师事务所成立三十周年

华商律师文库
编审委员会

本书编委会

主　编　吴　波

副主编　覃　俏　李成娇　沈　媛

成　员（以姓氏笔画为序）

丁国荣　马星宇　毛可欣　毕雪梅　谷星梦

张　昊　鲁　蒙　周　娜　钟东燕　简小薇

总　　序

弹指之间，华商律师事务所（以下简称华商）已行三十载。三十载风雨征程，我们从初心开始书写答卷。这份答卷以一书一卷开始，向具有前沿视野的国际型律所演进，从深圳强所到聚焦国际，华商厚植专业根基，目前已有48家分支机构，我们始终上下求索、攀登不息，不断丰富诠释华商“法律创造价值”的职业价值观。

三十年间，华商以创业者的探索、勇敢者的担当、改革者的步伐，逐步成长为从区域迈向全国乃至全球的规模律师事务所，并在律师事业升级与融合的发展变革中，成就了不少亮眼成绩。

千帆竞渡争卓越，前沿视野创一流。近年来，面临百年未有之大变局，在全球化趋势反复拉锯的过程中，行业也迎来了前所未有的新形态与新问题。越是不确定，华商越是坚定信心，越是沉着勇毅，在时代的风云中屹立不倒，敢于亮剑，敢于前进，志所向，皆可往，路虽远，行必达。华商以适度规模化、深度专业化、重推国际化的前沿发展战略稳步迈入高质量发展阶段！

经多个专业委员会、多个专业团队和多位专业律师构思、策划、组织和编撰，这套涵盖公司、国企改革、东南亚国家投资法、婚姻家庭继承、证券、合规体系、基金法律、土地开发、尽职调查等热门领域的华商律师事务所三十周年实务丛书与读者见面。作为华商三十周年献礼，本套丛书的问世将是华商专业化建设的又一次具有重要理论和现实意义的里程碑，更是百年华商征程中的专业与文化积淀。

新时代赋予律所新的使命,华商肩鸿任钜,法治的道路不断延伸,华商不会停下脚步。就像我曾经写过的一首诗,“风不顾一切,时光勇往直前,我,我们,跟着一路长跑”。

是为序。

前　言

深化国有企业改革，是根植于全面建设社会主义现代化国家的一项系统工程。至2022年末，第一轮国企改革三年行动圆满收官，为国资国企进一步深化改革奠定了良好的基础。中国共产党的二十大报告指出要完善中国特色现代企业制度，弘扬企业家精神，加快建设世界一流企业。从而，我国新一轮国有企业改革有了更加明确的方向和目标。

2022年12月15日，习近平总书记在中央经济工作会议上提出，深化国资国企改革，提高国企核心竞争力。国企改革三年行动已见成效，要根据形势变化，以提高核心竞争力和增强核心功能为重点，谋划新一轮深化国有企业改革行动方案。

2023年7月18日，中共中央政治局委员、国务院副总理张国清在全国国有企业改革深化提升行动动员部署电视电话会议上进一步强调，要以钉钉子精神紧扣国有企业改革深化提升行动八项任务，抓好落实，切实发挥国有经济主导作用，为构建新发展格局、推动高质量发展、推进中国式现代化建设作出更大贡献。

2023年9月28日，国务院国资委召开了国有企业改革深化提升行动专题推进会，就各地方、各中央企业抓好实施方案和工作台账落实落地，更大力度推动深化提升行动开好局、起好步作出工作部署。

2023年10月1日，2023年第19期《求是》杂志刊发国务院国资委党委署名文章《深入实施国有企业改革深化提升行动》中再次明确，切实把思想和行动统一到党中央关于实施国有企业改革深化提升行动的重大决策部署上来，牢牢把握国有企业改革深化提升行动的方向目标，突出抓好以更好服务国家战略为导向的功能性改革，着力打造发展方式新、公司治理新、经营机制新、布局结构新的现代新国企，在深化改革中全面加强国有企业党的领导和党的建设。

2023年12月12日，习近平总书记在中央经济工作会议上再次强调，深入实施国有企业改革深化提升行动，增强核心功能、提高核心竞争力。

本书结合国有企业深化改革提升行动关于突出抓好以更好服务国家战略为导向的功能性改革要求，在法律制度层面根据实务经验，以监管主体、实施主体、服务主体等关键主体的层次和协调性入手，从完善公司治理和优化产业布局两个大的方向展开，对如何提升党组织参与国有企业治理、尊重资本运行规律和公司治理基本法则、提升国有资本配置效率和健全以管资本为主的国资监管体制目标实现、推动国有企业在中国式现代化建设中扛起新的使命责任进行探讨。具体而言，完善的公司治理能够增强国有企业投资决策的科学性、有效性和安全性，一方面，本书从党组织参与国有企业公司治理问题切入，通过对完善公司治理的要点展开研究，讨论了完善公司治理结构的可行路径和有效措施。并重点关注国有企业董事会授权体系改革、国有企业董监高兼职合规性、国有企业聘任职业经理人三个重要的实务问题，对国有企业实际运转过程中相关实务操作进行分析，提出如何做到提升内部管理质效与符合外部监管政策的平衡统一的合规建议。此外，本书结合国有企业民主管理机制的常见问题，分析国有企业民主管理机制的职权范围、行权程序及常见法律风险，为国有企业民主管理组织架构合规运行提供法律建议。

另一方面，本书贴合国有企业深化改革提升行动着力“优化国有经济布局，更好促进现代化产业体系建设”的目标任务，从国有企业进行产业布局时的投资流程、合作对象、投资类型及投资手段等视角，对国有企业投资相关法律问题进行分析，重点介绍国有企业对外投资的特殊监管要求，同时就国有企业对外投资、与民营企业设立合资公司、收购民营企业、国有企业产权无偿划转等方面的法律风险防范问题进行了分析和研究。着重研究了国资股权投资平台员工跟投以及国有企业投资或融资中股权回购的相关实务问题,旨在明确国有企业进行产业布局过程中的常见风险事项及合规思路,为进一步有效整合资源、优化国有经济布局、防止国有资产流失提供法律建议及风险防范措施。

本书从完善公司治理和优化产业布局切入,紧扣国有企业深化改革提升行动八项任务精神,对国家政策进行解读,对法律问题进行分析,进而提供实操建议,希望可以为实务人员更广更深落实国有企业深化改革提升行动各项任务目标提供助力,共同推动国有企业服务国家战略实现。

目 录

第一章 完善公司治理的要点

第一节　党组织参与国有企业公司治理的法律问题

党的领导体现在方方面面，对于国有企业治理，《中国共产党章程》《中央组织部、国务院国资委党委关于加强和改进中央企业党建工作的意见》《中共中央、国务院关于深化国有企业改革的指导意见》《国务院办公厅关于进一步完善国有企业法人治理结构的指导意见》《中国共产党国有企业基层组织工作条例（试行）》《国有企业公司章程制定管理办法》等规定均强调党组织发挥国有企业党组织的领导核心和政治核心作用，党组织把方向、管大局、保落实，依照规定讨论和决定公司重大事项。

党组织参与国有企业公司治理是指党组织在公司治理中充分发挥作用，参与决策、管理、监督等方面的工作，以明确国有企业党组织在公司法人治理结构中的法定地位，保障党的政治核心作用的发挥，推动国有企业的健康发展。党组织参与国有企业公司治理可以全面了解国有企业公司治理的情况，及时发现和解决问题，保障党的路线方针政策和国家法律法规在国有企业公司治理中得到有效贯彻和落实。现结合现行法律法规、党内法规制度等文件总结介绍党组织参与国有企业公司治理的具体途径，进而论述分析相关规定的贯彻落实情况及存在的法律问题。

一 党组织参与国有企业公司治理的途径介绍

结合现行法律法规及党内法规制度等文件,党组织参与国有企业公司治理的主要途径包括:重大事项党组织讨论前置制度,制定双向进入、交叉任职制度,将党建工作纳入章程。党组织通过上述途径参与国有企业公司治理可以有效提升国有企业公司治理的科学化、规范化和法治化水平。

(一)重大事项实行党组织讨论前置制度

重大事项实行党组织讨论前置制度是党组织参与国有企业公司治理的重要途径。近年来,随着国有企业改革的不断深化和现代企业制度的逐步建立,党组织参与国有企业公司治理的重大事项前置程序也得到了不断地完善和发展(见表1)。

2010年施行的《中共中央办公厅、国务院办公厅关于进一步推进国有企业贯彻落实"三重一大"决策制度的意见》(以下简称《关于进一步推进国有企业贯彻落实"三重一大"决策制度的意见》)明确了"三重一大"事项实行党组织讨论前置制度,即要求董事会、未设董事会的经理班子研究"三重一大"事项时,应事先与党委(党组)沟通,听取党委(党组)的意见。2019年施行的《中国共产党国有企业基层组织工作条例(试行)》中明确党组织研究讨论是董事会、经理层决策国有企业重大问题和重大经营管理事项的前置程序;2020年实施的《广东省省属企业公司章程指引(国有独资公司篇)》中也明确了党委研究讨论是董事会或者经理层决策重大经营管理事项的前置程序。2020年施行的《国有企业公司章程制定管理办法》明确了党委研究讨论是董事会或者经理层决策重大问题的前置程序。据此,党组织研究讨论成为国有企业进行重大事项决策时须进行的前置程序。

《关于进一步推进国有企业贯彻落实"三重一大"决策制度的意见》规定,"三重一大"事项包括重大决策事项、重要人事任免事项、重大项目安排事项和大额度资金运作事项。《中国共产党国有企业基层组织工作条例(试行)》规定了重大经营管理事项，主要包括：(1)贯彻党中央决策部署和落实国家发展战略的重大举措；(2)企业发展战略、中长期发展规划、重要改革方案；(3)企业资产重组、产权转让、资本运作和大额投资中的原则性方向性问题；(4)企业组织架构设置和调整，重要规章制度的制定和修改；(5)涉及企业安全生产、维护稳定、职工权益、社会责任等方面的重大事项。同时，明确了国有企业党委(党组)应结合企业实际制定研究讨论的事项清单。

表1　重大事项党组织讨论前置程序相关规定

规定	具体内容
《关于进一步推进国有企业贯彻落实“三重一大”决策制度的意见》	第13条　董事会、未设董事会的经理班子研究“三重一大”事项时，应事先与党委(党组)沟通，听取党委(党组)的意见。进入董事会、未设董事会的经理班子的党委(党组)成员，应当贯彻党组织的意见或决定。企业党组织要团结带领全体党员和广大职工群众，推动决策的实施，并对实施中发现的与党和国家方针政策、法律法规不符或脱离实际的情况及时提出意见，如得不到纠正，应当向上级反映。
《中国共产党国有企业基层组织工作条例(试行)》	第13条　国有企业应当将党建工作要求写入公司章程，写明党组织的职责权限、机构设置、运行机制、基础保障等重要事项，明确党组织研究讨论是董事会、经理层决策重大问题的前置程序，落实党组织在公司治理结构中的法定地位。 第15条　国有企业重大经营管理事项必须经党委(党组)研究讨论后，再由董事会或者经理层作出决定。研究讨论的事项主要包括：(一)贯彻党中央决策部署和落实国家发展战略的重大举措；(二)企业发展战略、中长期发展规划，重要改革方案；(三)企业资产重组、产权转让、资本运作和大额投资中的原则性方向性问题；(四)企业组织架构设置和调整，重要规章制度的制定和修改；(五)涉及企业安全生产、维护稳定、职工权益、社会责任等方面的重大事项；(六)其他应当由党委(党组)研究讨论的重要事项。 国有企业党委(党组)应当结合企业实际制定研究讨论的事项清单，厘清党委(党组)和董事会、监事会、经理层等其他治理主体的权责。 具有人财物重大事项决策权且不设党委的独立法人企业的党支部(党总支)，一般由党员负责人担任书记和委员，由党支部(党总支)对企业重大事项进行集体研究把关。

续表

规定	具体内容
《广东省省属企业公司章程指引(国有独资公司篇)》	第19条第1款　公司党委发挥领导作用,把方向、管大局、保落实,依照规定讨论和决定公司重大事项。重大经营管理事项必须经党委研究讨论后,再由董事会或者经理层作出决定。
《国有企业公司章程制定管理办法》	第9条第1款　公司党组织条款应当按照《中国共产党章程》《中国共产党国有企业基层组织工作条例(试行)》等有关规定,写明党委(党组)或党支部(党总支)的职责权限、机构设置、运行机制等重要事项。明确党组织研究讨论是董事会、经理层决策重大问题的前置程序。

(二)双向进入、交叉任职

党组织参与国有企业公司治理的"双向进入、交叉任职"制度主要是指在国有企业公司治理过程中,党组织领导班子成员和企业领导人员要实行交叉任职,即党组织领导班子成员可以同时担任企业领导人员职务,企业领导人员也可以进入党组织领导班子担任领导职务。随着经济形势和大政方针的变化,"双向进入、交叉任职"制度也在不断地具体细化(见表2)。

2004年施行的《中央组织部、国务院国资委党委关于加强和改进中央企业党建工作的意见》中提出了"双向进入、交叉任职"的企业领导体制,明确了"双向进入、交叉任职"是指国有独资和国有控股公司的党委成员可以通过法定程序分别进入董事会、监事会和经理班子,董事会、监事会、经理班子中的党员可以依照有关规定进入党委会。在符合条件的情况下,党委书记和董事长可由一人担任,但董事长和总经理原则上应分设。未设董事会的企业,可以实行党委书记兼任副总经理、总经理兼任党委副书记的交叉任职模式。

2015年施行的《中共中央、国务院关于深化国有企业改革的指导意见》将"凡符合条件的,党委书记和董事长可由一人担任"改为"党组织书记、董事长一般由一人担任",加大了对"双向进入、交叉任职"领导体制的施行力度。

2017年施行的《国务院办公厅关于进一步完善国有企业法人治理结构的指导意见》中进一步细化了"交叉任职"模式。要求推进中央企业党组(党委)专职副书记进入董事会,同时上级党组织应当在董事会选聘经理层成员工作中发挥确定标准、规范程序、参与考察、推荐人选等作用。

2019 年施行的《中国共产党国有企业基层组织工作条例(试行)》第 14 条根据公司治理结构的不同情形对"交叉任职"模式作出以下具体规定:(1)对于设立了董事会的国有企业,规定党员总经理担任副书记,如确因工作需要由上级企业领导人员兼任董事长的,党委书记可以由党员总经理担任。(2)对于未设立董事会只设执行董事的国有企业,党委书记和执行董事一般由一人担任。总经理单设且是党员的,一般应当担任党委副书记。(3)对于分设了党委书记和总经理的分公司等,一般由党委书记担任副总经理、党员总经理担任党委副书记。(4)中央企业党委(党组)配备专职副书记,专职副书记一般进入董事会且不在经理层任职。职工和党员人数较多的中央企业所属企业(单位)和地方国有企业党委可以配备专职副书记。(5)进入董事会、监事会、经理层的党组织领导班子成员必须落实党组织决定。

后施行的《广东省省属企业公司章程指引(国有独资公司篇)》和《国有企业公司章程制定管理办法》等文件继续坚持了"双向进入、交叉任职"的领导体制,同时在前述文件的基础上强调了专职副书记和党支部书记的任职。

表 2　"双向进入、交叉任职"相关规定

规定	具体内容
《中央组织部、国务院国资委党委关于加强和改进中央企业党建工作的意见》	第 5 条第 2 款　党组织参与企业重大问题决策,要坚持和完善"双向进入、交叉任职"的企业领导体制。国有独资和国有控股公司的党委成员可以通过法定程序分别进入董事会、监事会和经理班子,董事会、监事会、经理班子中的党员可以依照有关规定进入党委会。凡符合条件的,党委书记和董事长可由一人担任,董事长、总经理原则上分设。未设董事会的企业,可以实行党委书记兼任副总经理、总经理兼任党委副书记的交叉任职模式;根据实际情况,党委书记和总经理(厂长)也可由一人担任。已建立法人治理结构的国有独资和国有控股公司,党委会和法人治理结构要通过建立健全议事规则,完善党组织参与企业重大问题决策的程序和工作机制。党组织对重大问题要集体研究,由进入董事会、监事会、经理班子的党委成员通过多种方式分别反映党组织的意见和建议,使党组织的主张在企业决策中得到重视和体现,并把法人治理结构的决策结果反馈给党组织,

续表

规定	具体内容
	实现决策的科学民主。同时,充分发挥董事会对重大问题统一决策、监事会有效监督的作用。未设董事会的企业可以采取联席会议方式,由党委成员和经营管理班子成员共同研究决定重大问题。企业党组织要积极推动企业重大问题决策的贯彻落实。企业重大问题决策作出后,党委要发动全体党员,团结带领广大职工,推动决策的实施。党委发现企业重大问题决策不符合党和国家方针政策、法律法规或脱离实际时,应及时提出意见。如得不到纠正,应当向上级反映。
《中共中央、国务院关于深化国有企业改革的指导意见》	第24条第1款　充分发挥国有企业党组织政治核心作用。把加强党的领导和完善公司治理统一起来,将党建工作总体要求纳入国有企业章程,明确国有企业党组织在公司法人治理结构中的法定地位,创新国有企业党组织发挥政治核心作用的途径和方式。在国有企业改革中坚持党的建设同步谋划、党的组织及工作机构同步设置、党组织负责人及党务工作人员同步配备、党的工作同步开展,保证党组织工作机构健全、党务工作者队伍稳定、党组织和党员作用得到有效发挥。坚持和完善双向进入、交叉任职的领导体制,符合条件的党组织领导班子成员可以通过法定程序进入董事会、监事会、经理层,董事会、监事会、经理层成员中符合条件的党员可以依照有关规定和程序进入党组织领导班子;经理层成员与党组织领导班子成员适度交叉任职;董事长、总经理原则上分设,党组织书记、董事长一般由一人担任。
《国务院办公厅关于进一步完善国有企业法人治理结构的指导意见》	第2条第5款第3项　积极探索党管干部原则与董事会选聘经营管理人员有机结合的途径和方法。坚持和完善双向进入、交叉任职的领导体制,符合条件的国有企业党组(党委)领导班子成员可以通过法定程序进入董事会、监事会、经理层,董事会、监事会、经理层成员中符合条件的党员可以依照有关规定和程序进入党组(党委);党组(党委)书记、董事长一般由一人担任,推进中央企业党组(党委)专职副书记进入董事会。在董事会选聘经理层成员工作中,上级党组织及其组织部门、国有资产监管机构党委应当发挥确定标准、规范程序、参与考察、推荐人选等作用。积极探索董事会通过差额方式选聘经理层成员。

续表

规定	具体内容
《中国共产党国有企业基层组织工作条例(试行)》	第14条　坚持和完善“双向进入、交叉任职”领导体制,符合条件的党委(党组)班子成员可以通过法定程序进入董事会、监事会、经理层,董事会、监事会、经理层成员中符合条件的党员可以依照有关规定和程序进入党委(党组)。 党委(党组)书记、董事长一般由一人担任,党员总经理担任副书记。确因工作需要由上级企业领导人员兼任董事长的,根据企业实际,党委书记可以由党员总经理担任,也可以单独配备。 不设董事会只设执行董事的独立法人企业,党委书记和执行董事一般由一人担任。总经理单设且是党员的,一般应当担任党委副书记。 分公司等非独立法人企业,党委书记和总经理是否分设,结合实际确定。分设的一般由党委书记担任副总经理、党员总经理担任党委副书记。 中央企业党委(党组)配备专职副书记,专职副书记一般进入董事会且不在经理层任职,专责抓好党建工作。规模较大、职工和党员人数较多的中央企业所属企业(单位)和地方国有企业党委,可以配备专职副书记。国有企业党委(党组)班子中的内设纪检组织负责人,一般不兼任其他职务,确需兼任的,报上级党组织批准。 国有企业党组织实行集体领导和个人分工负责相结合的制度,进入董事会、监事会、经理层的党组织领导班子成员必须落实党组织决定。
《广东省省属企业公司章程指引(国有独资公司篇)》	第20条　坚持和完善“双向进入、交叉任职”领导体制,符合条件的党委班子成员可以通过法定程序进入董事会、经理层,董事会、经理层成员中符合条件的党员可以依照有关规定和程序进入党委。 党委书记、董事长一般由一人担任,党员总经理担任副书记。党委可以配备专责抓党建工作的专职副书记,专职副书记一般进入董事会且不在经理层任职。
《国有企业公司章程制定管理办法》	第9条第2款　设立公司党委(党组)的国有企业应当明确党委(党组)发挥领导作用,把方向、管大局、保落实,依照规定讨论和决定企业重大事项;明确坚持和完善“双向进入、交叉任职”领导体制及有关要求。设立公司党支部(党总支)的国有企业应当明确公司党支部(党总支)围绕生产经营开展工作,发挥战斗堡垒作用;具有人财物重大事项决策权的企业党支部(党总支),明确一般由企业党员负责人担任书记和委员,由党支部(党总支)对企业重大事项进行集体研究把关。

（三）党建工作纳入章程

将党建工作纳入公司章程是党组织在国有企业公司治理中充分发挥作用的体现，确保了党组织在公司治理中的重要地位，推动了国有企业健康发展。随着党的领导的不断落实，党建工作在国有企业中的地位和作用得到了进一步加强（见表3）。具体演进路径如下。

2015年施行的《中共中央、国务院关于深化国有企业改革的指导意见》和2017年施行的《国务院办公厅关于进一步完善国有企业法人治理结构的指导意见》都提到了要明确党组织在国有企业法人治理结构中的法定地位，将党建工作总体要求纳入国有企业章程。

2017年施行的《中共中央组织部、国务院国资委党委关于扎实推动国有企业党建工作要求写入公司章程的通知》第1条、第2条对区分国有独资、全资和国有资本绝对控股企业和国有资本相对控股的混合所有制企业进一步提出要求：（1）对于国有独资、全资和国有资本绝对控股企业，要带头将党建工作要求写入公司章程，需在公司章程中明确党建工作的总体要求，包括党组织的设置形式、地位作用、职责权限、党务工作机构及人员配备、党建工作经费经费保障等内容和要求。同时，应当明确党委（党组）研究讨论企业重大问题的运行机制，一般在公司章程中单设一章，使党建工作要求得到充分体现。（2）对于国有资本相对控股的混合所有制企业，需根据上市公司和非上市公司不同情况，将党建工作基本要求写入公司章程。同时，需听取其他股东包括机构投资者的意见，做好答疑解惑工作。

2019年施行的《中国共产党国有企业基层组织工作条例（试行）》第13条明确了公司章程中党建工作内容的相关要求：（1）写明重要事项，包括党组织的职责权限、机构设置、运行机制、基础保障等；（2）明确党组织研究讨论是董事会、经理层决策重大问题的前置程序；（3）落实党组织在公司治理结构中的法定地位。

2020年施行的《国有企业公司章程制定管理办法》中直接明确规定国有企业公司章程一般应当包括公司党组织的内容。

表3 党建工作纳入章程相关规定

规定	具体内容
《中共中央、国务院关于深化国有企业改革的指导意见》	第24条第1款 充分发挥国有企业党组织政治核心作用。把加强党的领导和完善公司治理统一起来,将党建工作总体要求纳入国有企业章程,明确国有企业党组织在公司法人治理结构中的法定地位,创新国有企业党组织发挥政治核心作用的途径和方式。在国有企业改革中坚持党的建设同步谋划、党的组织及工作机构同步设置、党组织负责人及党务工作人员同步配备、党的工作同步开展,保证党组织工作机构健全、党务工作者队伍稳定、党组织和党员作用得到有效发挥。坚持和完善双向进入、交叉任职的领导体制,符合条件的党组织领导班子成员可以通过法定程序进入董事会、监事会、经理层,董事会、监事会、经理层成员中符合条件的党员可以依照有关规定和程序进入党组织领导班子;经理层成员与党组织领导班子成员适度交叉任职;董事长、总经理原则上分设,党组织书记、董事长一般由一人担任。
《国务院办公厅关于进一步完善国有企业法人治理结构的指导意见》	第2条第5款第1项 坚持党的领导、加强党的建设是国有企业的独特优势。要明确党组织在国有企业法人治理结构中的法定地位,将党建工作总体要求纳入国有企业章程,明确党组织在企业决策、执行、监督各环节的权责和工作方式,使党组织成为企业法人治理结构的有机组成部分。要充分发挥党组织的领导核心和政治核心作用,领导企业思想政治工作,支持董事会、监事会、经理层依法履行职责,保证党和国家方针政策的贯彻执行。
《中共中央组织部、国务院国资委党委关于扎实推动国有企业党建工作要求写入公司章程的通知》	第1条 着力抓好国有独资、全资和国有资本绝对控股企业党建工作要求写入章程。国有独资、全资和国有资本绝对控股企业要带头落实中央部署,带头将党建工作要求写入公司章程,为党组织有效开展工作、发挥作用提供制度保障。要根据党章、公司法和中央有关规定,在公司章程中明确党建工作总体要求,写明党组织的设置形式、地位作用、职责权限,写明党务工作机构及人员配备、党建工作经费经费保障等内容和要求,明确党委(党组)研究讨论企业重大问题的运行机制,一般应就党组织单设一章,使党建工作要求在公司章程中得到充分体现。对于境外上市的,要注意防范相关法律风险,妥善做好工作。 第2条 稳步推进国有资本相对控股的混合所有制企业章程修改工作。这类企业资本构成多元、管理模式多样、党建工作发展不平衡,要指导推动企业高度重视党的建设工作,建立健全党的组织、积极开展党的工作,并结合企业股权结构、经营管理实际,区分上市公司和非上市公司不同情况,把党建工作基本要求写入公司章程,防止简单化、一刀切。要注意听取其他股东包括机构投资者的意见,做好释疑解惑工作,使章程修改过程成为宣传贯彻党的路线方针政策的过程,成为凝聚共同愿景、汇聚各方力量的过程。要通过章程修改,推动企业党建工作制度化、规范化,促进党组织围绕生产经营开展活动、发挥作用。

续表

规定	具体内容
《中国共产党国有企业基层组织工作条例(试行)》	第13条　国有企业应当将党建工作要求写入公司章程,写明党组织的职责权限、机构设置、运行机制、基础保障等重要事项,明确党组织研究讨论是董事会、经理层决策重大问题的前置程序,落实党组织在公司治理结构中的法定地位。
《国有企业公司章程制定管理办法》	第5条　国有企业公司章程一般应当包括但不限于以下主要内容:(一)总则;(二)经营宗旨、范围和期限;(三)出资人机构或股东、股东会(包括股东大会,下同);(四)公司党组织;(五)董事会;(六)经理层;(七)监事会(监事);(八)职工民主管理与劳动人事制度;(九)财务、会计、审计与法律顾问制度;(十)合并、分立、解散和清算;(十一)附则。

二　党组织参与国有企业公司治理的相关法律问题

党组织参与国有企业公司治理是国有企业公司治理制度的重要特点之一,但在落实过程中,仍主要存在对重大事项党组织讨论前置制度适用不一及党组织成员定位不清等问题。为保障党组织参与国有企业公司治理制度的有效落实,应厘清重大事项党组织讨论前置制度的易混淆点,以确保党组织成员的职责清晰、前置讨论的范围明确。还应明确党组织成员的定位及法律责任承担问题,以避免公司管理层职责不清、公司治理结构混乱。解决党组织参与国有企业公司治理的相关法律问题,对于保障国有企业的政治方向、领导体制和管理体制的稳定,促进国有企业的可持续发展具有重要的意义。

(一)重大事项党组织讨论前置制度的易混淆点

党组织前置是指在公司治理过程中涉及决策时,党组织研究讨论是董事会、经理层决策重大问题的前置程序,重大事项必须经过党委研究讨论后,再依职权由董事会或经理层作出决定。实践中,有些国企把研究讨论事项与研究决定事项混淆,有的将党组织讨论前置代替"三会一层"决策,这都是与中央精神和法律规定相违背的。

1. 研究讨论事项不同于研究决定事项

党组织在推动党的领导融入公司治理的过程中,需要明确研究讨论事项与研究决定事项的权责边界。党组织不应事无巨细、面面俱到地对企业经营管理中的大小事项逐一过问,而是应该将前置研究"讨论"与"决定"进行区分,避免缺位、越位。实践中,某些国企为避免承担责任,希望党组织前置研究决定的内容越多越好,而对经党组织前置讨论的事项不再进行研究,由此产生党组织前置研究讨论"越位"到研究决定的情况。同时,也存在部分国企以事项具有高度专业性为借口,未经党组织充分研究论证就将大量重大经营管理事项直接由董事会、经理层决定。党组织在参与公司治理的过程中需注意避免以上两种情形,厘清党组织研究讨论事项与研究决定事项的权责边界。

《中国共产党国有企业基层组织工作条例(试行)》第 11 条规定:"国有企业党委(党组)发挥领导作用,把方向、管大局、保落实,依照规定讨论和决定企业重大事项。主要职责是:(一)加强企业党的政治建设,坚持和落实中国特色社会主义根本制度、基本制度、重要制度,教育引导全体党员始终在政治立场、政治方向、政治原则、政治道路上同以习近平同志为核心的党中央保持高度一致;(二)深入学习和贯彻习近平新时代中国特色社会主义思想,学习宣传党的理论,贯彻执行党的路线方针政策,监督、保证党中央重大决策部署和上级党组织决议在本企业贯彻落实;(三)研究讨论企业重大经营管理事项,支持股东(大)会、董事会、监事会和经理层依法行使职权;(四)加强对企业选人用人的领导和把关,抓好企业领导班子建设和干部队伍、人才队伍建设;(五)履行企业党风廉政建设主体责任,领导、支持内设纪检组织履行监督执纪问责职责,严明政治纪律和政治规矩,推动全面从严治党向基层延伸;(六)加强基层党组织建设和党员队伍建设,团结带领职工群众积极投身企业改革发展;(七)领导企业思想政治工作、精神文明建设、统一战线工作,领导企业工会、共青团、妇女组织等群团组织。"第 12 条规定:"国有企业党支部(党总支)以及内设机构中设立的党委围绕生产经营开展工作,发挥战斗堡垒作用。主要职责是:(一)学习宣传和贯彻落实党的理论和路线方针政策,宣传和执行党中央、上级党组织和本组织的决议,团结带领职工群众完成本单位各项任务。(二)按照规定参与本单位重大问题的决策,支持本单位负责人开展工作。(三)做好党员教育、管理、监督、服务和发展党员工作,严格党的组织生活,组织党员创先争优,充分发挥党员先锋模范作用。(四)密切联系职工群众,推动解决职工群众合理诉求,认真做好思想政治工作。领导本单位工会、共青团、妇女组织等群团组织,支持它们依照各自章程独立负责地开展工作。(五)监督党员、干部和企业其他工作人员严格遵守国家法律法规、企业财经人事制度,维护国家、集体和群众的利益。(六)实事求是对党的建设、党的工作提出意见建议,及时向上级党组织报告重要情况。按照规定向党员、群众通报党的工作情况。”

党组织研究决定的事项主要分为 4 类,即党的政治建设和思想建设事项、监督企业经营管理事项、干部人事和组织建设事项、向上级党组织报告事项。而根据《关于进一步推进国有企业贯彻落实“三重一大”决策制度的意见》第 2 条和《中国共产党国有企业基层组织工作条例(试行)》第 15 条规定,党组织研究讨论的事项主要分为“三重一大”事项和重大经营管理事项,具体内容见前文论述。

2. 党组织讨论前置不能代替“三会一层”决策

国有企业公司治理的不同治理主体权责划分有度,在重大事项的讨论和决策中存在不同的功能定位。党组织在国有企业公司治理中起“把方向、管大局、保落实”的领导作用,对重大事项进行把关、定向,研究判断重大事项是否满足以下标准:(1)符合党的路线方针政策;(2)契合党和国家的战略部署;(3)有利于提高企业效益、增强企业竞争力、实现国有资产保值增值;(4)有利于维护社会公众利益和职工群众合法权益。

根据《国务院办公厅关于进一步完善国有企业法人治理结构的指导意见》第 2 条的规定,股东会、董事会、经理层和监事会的职责具体为:(1)股东会是公司的权力机构。股东会主要依据法律法规和公司章程,通过委派或更换董事、监事(不含职工代表),审核批准董事会、监事会年度工作报告,批准公司财务预决算、利润分配方案等方式,对董事会、监事会以及董事、监事的履职情况进行评价和监督。(2)董事会是公司的决策机构,要对股东会负责,执行股东会决定,依照法定程序和公司章程授权决定公司重大事项，接受股东会、监事会监督，认真履行决策把关、内部管理、防范风险、深化改革等职责。(3)经理层是公司的执行机构，依法由董事会聘任或解聘，接受董事会管理和监事会监督。(4)监事会是公司的监督机构，依照有关法律法规和公司章程设立，对董事会、经理层成员的职务行为进行监督。据此，"三会一层"主要起决定决策和执行监督作用。

落实到重大事项研讨决策的实务中，党组织的讨论前置和"三会一层"决策应相应地遵循各主体职责。如党组织对讨论事项持反对的审议意见，则不应再提交"三会一层"进行研究决策；如党组织前置研究讨论后持同意的审议意见，"三会一层"决策时也并非必须通过该事项，仍应从各自的职责及侧重出发重新研究讨论并作出决策。因此，党组织对重大事项的前置讨论权并不意味着重大事项决策权，而应理解为重大事项经党组织前置研究讨论后，最后由"三会一层"作出决策。党组织对重大事项的讨论前置不能代替"三会一层"决策。

(二)党组织成员的定位及法律责任承担

根据《中国共产党国有企业基层组织工作条例(试行)》《国有企业公司章程制定管理办法》等法律的相关规定，党组织成员在国有企业中承担了非常重要的职能，对于国有企业的公司治理和经营管理都有着重要的作用。党组织成员的职责包括决策、监督、管理等，与公司高级管理人员的职能有重合之处。但是，党组织成员是否属于公司高级管理人员，这点其实是比较模糊的。在国有企业的实际运作中，党组织成员的职务和职责往往与其在公司中的职务和职责相分离。例如，某些国有企业设有专职党委书记，不兼任公司"三会"和经营团队任何职务。在这种情况下，党委书记是否需要为企业经营承担责任，甚至对外承担法律责任呢？目前法律法规并没有明确规定，因此在国有企业经营治理过程中存在一定的模糊性，需要根据具体情况进行具体分析。厘清党组织成员的定位及责任承担问题，可以规范党组织成员的行为和职责，保障国有企业的公司治理和经营管理的正常运转。

1. 党组织成员是否属于公司高级管理人员应具体情况具体分析

按照《公司法》规定，企业单位主要是董事会、监事会、经营管理层负责企业正常经营。经营团队承担经营管理责任和对外承担法律责任,这属于企业经营团队的核心义务和责任。因此,首先按照党组织成员是否兼任"董监高"职务区分其是否属于公司高级管理人员,如党组织成员未兼任上述职务,则需进一步结合实际情况具体判断。

(1)兼任"董监高"职务的党组织成员

对于国有企业的党委成员,通常会兼任董事会、监事会或经营管理层等职务。这种情况下,党组织成员的身份和职责应当按照相关法律法规和公司章程的规定执行。当党组织成员作为公司的董事会、监事会或经营管理层成员时,应认定其为公司高级管理人员。

(2)不兼任"董监高"职务的党组织成员

虽然实践中党组织成员多半是交叉重叠任职的,但也有一些党组织成员并不兼任公司的董事会、监事会或经营管理层职务。对于这些党组织成员,其身份和职责的认定需要具体情况具体分析。首先,需要考察党组织在公司组织机构中的职权范围。其次,需要了解该名党组织成员在党组织中是否参与决策,是否拥有投票权。最后,如果党组织成员拥有公司管理经营职权,对公司经营管理事项拥有决策权,且参与了公司经营管理事项的决策并拥有投票权,那么应当认定其属于公司高级管理人员,反之则不是。

综上所述,党组织成员是否属于公司高级管理人员这一问题,需要根据具体情况进行具体分析和判断。在判断党组织成员是否属于公司高级管理人员时,应当考虑党组织在公司组织机构中的职权范围、该名党组织成员在党组织中的参与决策情况以及是否拥有投票权等因素。在此基础上,应当按照相关法律法规和公司章程的规定执行,确保公司治理和经营管理的正常秩序,并保障企业的合法权益。

2. 党组织成员对外承担法律责任问题

党组织成员对外承担法律责任问题是一个复杂而重要的话题,党组织成员往往需根据自身职务和职责对外承担相应的法律责任。但在实践中,由于各种原因,党组织成员对外承担法律责任的问题常常存在争议和混淆。厘清这个问题不仅有助于维护党组织成员的合法权益,也有助于国有企业的正常经营和发展。

(1)在国有企业中,对于担任了一定领导职务的党组织成员,如董事长、总经理、副总经理等,这些职务对应着承担相应的法律责任。因此,在经营管理中,这些党组织成员需要确保国有资产的保值增值,并确保企业的安全经营,如果在经营管理中存在重大失误或者违反了法律法规,那么他们将承担相应法律责任。

(2)对于并不担任领导职务的党组织成员,或者其职务与经营管理无关时,对于出现重大经营事故的情况,事故的主要法律负责人包括董事长、总经理、分管安全生产的副总经理以及直接责任人员,对于之外的专职党委职务人员很难进行法律追责,但是不排除对涉事党组织成员进行党委系统内部追责。如果党组织成员违反了党的纪律和规定,可能需要受到党内的纪律处分。

(3)对于党组织参与国有企业公司治理的特别规定,如“三重一大”制度等,党组织对于重大事项须进行前置讨论,在这个层面,党组织成员对国有企业的经营管理具有主动权和干预权,处于主动地位。对于国有企业的安全治理、监督检查、制度建设等,党组织成员也拥有发言权。但党组织成员对于重大事项有其明确的职责和分工,主要是进行监督和参与,而国有企业的经营层具有对重大事项的决策和执行权,应由其承担经营管理法律责任,而不是因此转移给党组织成员来承担。

3. 明确党组织成员职责范围的方法

党组织成员的定位及法律责任承担与否的问题实际都涉及党组织成员职责范围。明确党组织成员的职责范围需要根据公司实际情况和组织架构进行通盘考虑和设计。可以在公司章程、党组织工作细则和分工文件中规定党组织成员的职责范围,并报上级国资和上级党组织备案。这样可以确保党组织成员的职责范围与公司治理的有效性相结合,促进国有企业的长期稳健发展。

(1)在公司章程中明确党组织成员的职责范围

公司章程是公司的“宪法”,对公司及其股东、法定代表人、高级管理人员等内部成员具有约束力。因此,在公司章程中明确党组织成员的职责范围非常重要。具体而言,可以在《公司法》赋予公司有权依法自己决策和管理其内外事务的基础上，在公司章程中设立“党组织”章节，规定党组织的职责和权限，以及党组织成员的职责范围。在章程中规定的党组织职权不仅对公司及内部成员具有约束力，经过工商部门登记备案后还具有公示效力。在公司章程的约束下，党组织成员能够从法律层面确定其身份和职能，便于具体履行对内和对外两方面的工作职责。

(2)制定党组织工作细则和分工文件

除了公司章程外，还可以制定党组织工作细则和分工文件，进一步明确党组织成员的职责范围。党组织工作细则可以详细规定党组织的组织架构、工作流程和制度要求等，确保党组织成员明确自己的职责和权限。分工文件可以明确每个党组织成员的具体工作职责和要求，确保每个成员都能履行自己的职责。

第二节 国有企业董事会授权体系改革新动态

国企改革三年行动(2020～2022年)已正式收官并取得明显成效，2023年2月，国资委又提出乘势而上实施新一轮国企改革深化提升行动，重点要求进一步完善中国特色现代企业制度、完善公司治理结构。授权放权作为完善公司治理结构的有效措施，能够提升企业整体工作效率，进而提高企业活力与竞争力。为了解新一轮改革中国有企业的授权改革动态，笔者从案例分析的角度，收集整理了2023年1月1日至2023年11月10日部分央企及地方国企的授权改革措施，就授权对象、授权范围等要素展开分析，希望能为国有企业的授权体系建设与完善提供参考。

一 案例收集情况

(一)收集对象:5家中央企业，11家地方国企(含控股和参股)，共16家，主营业务范围涉及房地产、酒店、金融、租赁、制造、批发和零售、交通运输、仓储、科技服务等。

（二）收集范围：集团授权子公司事项，股东授权董事会、经理层、董事长及子企业董事会事项，共收集整理公司章程、股东大会议事规则、董事会议事规则、董事会专门委员会工作细则等文件中的修订事项共37条。

（三）收集渠道：来自巨潮资讯网及其他公开渠道检索。

（四）具体改革措施：详见表4、表5。

表4 集团授权制度修改情况

序号	企业	主营业务	授权主体	授权对象	授权范围	调整方式	授权内容	授权（公告发布）时间
1	某央企	房地产、金融业等	母公司	子公司	投资项目决定权	权限下放	商务服务业子公司：为开展经营租赁等业务而购置资产的决定权。 技术服务业子公司：投资×万元以下的科技成果转化项目的决定权。 运输子公司：投资×万元以下的资产购置、升级改造的决定权。 物流业子公司：投资×亿元以下物流仓储设施建造的决定权。	2023年
2	江西省盐业集团股份有限公司	批发和零售业	母公司	子公司	投资项目额度	权限下放	晶昊盐化、富达盐化等大中型生产类企业，投资额在（原为500万元以下）1000万元以下（含）的项目；江盐华康等商贸流通类企业，投资额在（原为300万元以下）500万元以下（含）的项目；江盐包装等其他类企业，投资额在（原为50万元以下）100万元以下（含）的项目，由权属企业自行决策实施。	2023年4月27日

续表

序号	企业	主营业务	授权主体	授权对象	授权范围	调整方式	授权内容	授权(公告发布)时间
3	某国有企业	政府投资项目的建设和管理	母公司	子公司	制度制定权	权限下放	公司基本管理制度制定或修订向集团备案即可。	2023年4月
4			母公司	子公司	人事任免与考核权	权限下放	基层管理人员调整与考核向集团备案即可。	

表5 内部授权制度修改情况

序号	企业	主营业务	授权主体	授权对象	授权范围	调整方式	授权内容	授权(公告发布)时间
1	中广核核技术发展股份有限公司	石油和化工、能源开发	股东会	党委	前置研究权	细化权限	公司党委发挥领导作用,把方向、管大局、保落实,依照规定讨论和决定公司重大事项。重大经营管理事项须经公司党委研究讨论后,再由董事会或者经理层作出决定。	2023年3月22日
2			股东会	董事会	对外捐赠决定权	权限下放	在股东大会授权范围内决定对外捐赠事项。	
3			股东会	董事会	人事任免及薪酬考核决定权	新增权限	董事会决定任免其他高级管理人员,并决定其报酬事项和奖惩事项。	
4			股东会	董事会	放弃股东权利决定权	新增权限	放弃优先购买权、优先认缴出资权等由董事会审议通过。	

续表

<table>
<tr><th>序号</th><th>企业</th><th>主营业务</th><th>授权主体</th><th>授权对象</th><th>授权范围</th><th>调整方式</th><th>授权内容</th><th>授权(公告发布)时间</th></tr>
<tr><td>5</td><td></td><td></td><td>董事会</td><td>总经理</td><td>概括性授权</td><td>权限下放</td><td>未达到董事会审议标准的相关事项，董事会可授权公司总经理批准。</td><td></td></tr>
<tr><td>6</td><td>招商银行股份有限公司</td><td>金融业</td><td>董事会</td><td>董事会专门委员会</td><td>ESG管理和监督权</td><td>新增授权</td><td>拟定数据治理战略及数据治理相关重大事项；审议环境、社会和治理(ESG)发展战略与基本管理制度，审议ESG相关工作报告，定期评估ESG发展战略执行情况，推动落实监管要求的其他ESG相关工作。</td><td>2023年7月1日</td></tr>
<tr><td>7</td><td rowspan="2">国电电力发展股份有限公司</td><td rowspan="2">电热力供应、能源化工</td><td>股东会</td><td>董事会</td><td rowspan="2">ESG管理和监督权</td><td rowspan="2">新增授权</td><td rowspan="2">审议公司年度ESG报告，并监督检查公司ESG治理活动相关事宜。</td><td rowspan="2">2023年4月15日</td></tr>
<tr><td>8</td><td>董事会</td><td>董事会战略委员会</td></tr>
<tr><td>9</td><td>中国交通建设股份有限公司</td><td>房地产业</td><td>股东会</td><td>董事会</td><td>宣派和支付优先股股息权</td><td>权限下放</td><td>股东大会授权董事会在涉及优先股事项经股东大会审议通过的框架和原则下，依照发行文件的约定，宣派和支付全部优先股股息。</td><td>2023年7月1日</td></tr>
<tr><td>10</td><td>中国冶金科工股份有限公司</td><td>建筑业、制造业</td><td>股东会</td><td>董事会</td><td>宣派和支付优先股股息权</td><td>权限下放</td><td>股东大会授权董事会在涉及优先股事项经股东大会审议通过的框架和原则下，依照发行文件的约定，宣派和支付全部优先股股息。</td><td>2023年6月22日</td></tr>
</table>

续表

序号	企业	主营业务	授权主体	授权对象	授权范围	调整方式	授权内容	授权(公告发布)时间
11	深圳南山热电股份有限公司	电热力供应	董事会	董事会战略与投资委员会	决策建议权	新增权限	对公司重大投资、融资方案、重大资本运作、资产经营项目、重大事项等需要提交董事会审议的事项,进行研究并提出建议。	2023年7月1日
12						新增决策程序	董事会办公室编写决策内容→相关业务主办部门内部审批→提交战略与投资管理委员会会议审议→以书面形式提交董事会→董事会或股东大会审议批准。	
13				薪酬与考核委员会	考核权	新增权限	对公司非独立董事及高级管理人员履职情况进行年度考核。	
14					监督权	新增权限	监督公司董事、高级管理人员、员工的薪酬政策与方案、激励制度执行情况。	
15				经理层	总工程师任免决定权	权限下放	总工程师任命无须再提请董事会,由经理层自行决定聘任或解除。	
16					资产处置、关联交易、计提、转回资产减值准备事项决定权	权限下放	未达到董事会审批标准的前述事项。	
17			党委会	总经理	高级管理人员分工讨论权	权限收回	从总经理决定、董事会备案修改为总经理向党委提出建议、经公司党委会研究讨论、总经理办公会决定。	

续表

序号	企业	主营业务	授权主体	授权对象	授权范围	调整方式	授权内容	授权(公告发布)时间
18	深圳市天健(集团)股份有限公司	房地产业、租赁和商务服务业、酒店服务、物业管理	股东会	董事会	资产减值准备及资产核销事项决定权	权限收回	在股东大会授权董事会的事项中删除了审议资产减值准备及资产核销事项。	2023 年 6 月 29 日
19	江苏润邦重工股份有限公司	制造业、重工业	股东会	董事会、董事长、总裁	资产购买、处置、置换、租赁决定权	权限下放	资产总额在 2000 万元以下的,由总裁批准;2000 万元以上至公司总资产 5% 以下的,由董事长批准;公司总资产 5% 以上至 10% 以下的,由董事会批准。	2023 年 7 月 4 日
20				董事会、董事长、总裁	对内对外投资决定权	权限下放	对内:单项投资额在 3000 万元以下的,由总裁批准;3000 万元以上至公司总资产 5% 以下的,由董事长批准;公司总资产 5% 以上至 10% 以下的,由董事会批准。 对外:单项投资额在 3000 万元以下的,由总裁批准;3000 万元以上至 10,000 万元以下的,由董事长批准;10,000 万元以上至公司总资产 10% 以下的,由董事会批准。	
21				董事会	抵押或质押决定权	权限下放	为公司获得融资或授信提供的抵押或质押,单笔抵押或质押资产的金额占公司总资产的 10% 以下的,由董事会批准。以在产品或产成品为其所在订单融资进行的抵押或质押由董事会批准。	

续表

序号	企业	主营业务	授权主体	授权对象	授权范围	调整方式	授权内容	授权(公告发布)时间
22				董事长、董事会	对外赞助、捐赠决定权	权限下放	单项金额不超过500万元,由董事长批准;单项金额超过500万元且不超过公司净利润(或亏损值)10%的,由董事会批准。	
23	瑞泰科技股份有限公司	科技服务业	股东会	董事会	财务资助决定权	新增权限	授权董事会在特定金额范围内决定公司财务资助事项。	2023年7月1日
24	佛山佛塑科技集团股份有限公司	制造业、石油和化工业	股东会	董事会	人事任免及薪酬考核决定权	新增权限	新增董事会对其他高级管理人员的任免权及业绩考核及报酬、奖惩决定权。	2023年6月28日
25			股东会	董事会	项目投资决定权	权限下放	境外投资、非主业投资、参股投资项目,项目投资总额占公司最近一期经审计的净资产20%以下由董事会决定。	
26			股东会	董事会	产权处置决定权	权限下放	公司资产(含土地)及股权的非公开协议转让由董事会决定。	
27			股东会	董事会	放弃股东权利决定权	新增权限	放弃优先购买权、优先认缴出资权等由董事会批准。	

续表

序号	企业	主营业务	授权主体	授权对象	授权范围	调整方式	授权内容	授权(公告发布)时间
28	中信金属股份有限公司	钢铁、有色金属及相关行业的技术开发	董事会	董事会审计委员会	建议权	新增权限	公司聘请或者更换外部审计机构,应当由董事会审计委员会形成审议意见并向董事会提出建议后,董事会方可审议相关议案。	2023 年 6 月 13 日
29			董事会	董事会审计委员会	监督权	新增权限	董事会审计委员会应当督导内部审计部门至少每半年对下列事项进行一次检查,出具检查报告并提交审计委员会:(一)公司募集资金使用、提供担保、关联交易、证券投资与衍生品交易、提供财务资助、购买或者出售资产、对外投资等重大事件的实施情况;(二)公司大额资金往来以及与董事、监事、高级管理人员、控股股东、实际控制人及其关联人资金往来情况。	
30	招商局港口集团股份有限公司	港口服务	股东会	首席执行官、董事会	对外捐赠权	权限下放	单笔金额 500 万元(含)以下的,经招商港口首席执行官审批后实施;单笔金额 500 万元以上、6000 万元(含)以下的,经招商港口董事会审批同意后实施。	2023 年 1 月 20 日
31	招商局积余产业运营服务股份有限公司	房地产开发、商业服务	股东会	党委	前置研究权	新增权限	董事会决定公司重大问题时,应事先听取公司党委的意见。	2023 年 3 月 18 日
32			股东会	董事会	对外捐赠权	新增权限	在股东大会授权范围内,董事会决定对外捐赠等事项。	
33			股东会	董事会	放弃股东权利决定权	新增权限	放弃优先购买权、优先认缴出资权利等须经公司董事会审议通过。	

二 改革趋势分析

（一）授权改革总趋势

1. 在三年行动基础上进一步加大授权放权力度，根据国资委授权放权清单要求，进一步将自主经营决策权下放至公司，集团公司减少对子公司的审批事项。

2. 进一步将股东权限下放给董事会、经理层、总经理、子公司董事会，调高授权对象的审批上限、扩大审批范围、新增财务资助、注销清算等授权事项。

3. 主要授权范围为项目投资、资产处置、对外捐赠、人事任免、薪酬考核几大方向。

（二）授权改革新动态

部分企业在新一轮国企改革中根据自身实际情况制定了新的授权策略，例如以下几点内容。

1. 完善董事会内部专门工作机构：部分企业除直接授予董事会、经理层特定事项决策权以外，同时针对董事会专门委员会授予重大事项研究和决策建议权、监督权，细化董事会内部工作机制。

2. 建立动态调整机制：除授权放权外，部分企业还进行了"收权"，如在高级管理人员分工事项中增加公司党委会研究讨论程序，收回了总经理的自行决定权。

3. 细化子公司分类及授权：部分企业根据不同下属企业的情况采取差异化授权管理，将子公司分为商业类、功能类、公益类等类别或按生产、商贸等业务板块进行区分，"一企一策""分类分步"对下属企业进行授权放权。

4. 设置新兴行业免责机制：部分企业为充分激发子公司活力，规定在相关政策重大调整、市场环境重大变化或无意过失等情况造成资产损失的，相关人员可以免责。

三 参考借鉴意义

（一）集团公司授权模式参考

1. 授权对象及方式

（1）对不同业务板块的子公司进行差异化授权：在搜集的4家集团公司授权案例中，有2家公司通过修改投资管理规定、投资管理暂行办法等文件对不同业务的子企业设置了不同的授权事项及授权标准，还有2家公司通过母子公司管理办法等文件对全部子公司进行授权，未针对子公司业务或子公司发展阶段等特点进行区分授权。

案例1：在某央企案例中，其旗下子公司涉及不同的业务板块，集团公司新修订投资管理规定，根据不同子公司的业务特点授予了项目投资决策权，但基本限定在子公司主营业务范围内的项目，并非仅按金额区分权限。再如，江西省盐业集团股份有限公司对大中型生产类子公司授权的投资金额审批权限，就高于包装类子公司，这是通过子企业的业务量/资产等级进行了权限划分。

案例2：某国有企业通过《母子公司管理办法》对全部子公司进行授权，没有根据子企业的类型授予制定或修订公司基本管理制度、调整与考核基层管理人员的权限。

从收集的案例来看，一部分集团公司对子公司的授权模式已转向差异化授权，根据子公司的性质及业务发展情况进行差异化授权，能够使授权更准确、科学、合理。因此，在对子公司的授权事项上，可先根据实际需求制定子公司划分标准，可参照标准有商业型与公益型、成熟型与新设型或按不同业务板块划分。

（2）以集团管理体系为基础，按照管理成熟度递进授权：加大授权放权力度的前提是有良好的公司管理体系及制度支撑，因此建议就集团层面及母子公司间的授权管理制度进行梳理，核查是否能形成自上而下的授权体系、各制度间是否层层递进、相互支撑，及时更新完善各类授权管理制度。

案例:在某国有企业授权案例中,因公司为新设公司,集团公司对子公司仅授予了基本管理制度制定与基层管理人员任免权,授权面窄且权限较低,实际对子公司的授权并不充分,整体还是属于集团决策模式,形成对下属公司的强管控,过长的审批时间会降低子公司的决策效率,易导致子公司错失投资机遇,进而影响子公司活力和市场竞争力。对比深圳市投资控股有限公司(以下简称深投控),深投控在授权改革中将投资、产权变动、担保、借款、财务核销、捐赠赞助、薪酬考核七大方面均对下属企业进行了授权放权。而这主要与深投控在国企改革方面多年累积的成熟经验和已形成成熟的集团管理制度与体系有关。

(3)总结:针对公司合规程度较高(治理结构和机制健全、决策和执行机构运作规范高效)的子公司,可以考虑授予其更高的权限。

2. 授权范围:在搜集的3家集团公司授权案例中,旗下子公司大多为营利法人,以获取利润和将营利所得分配给股东为主要目的。因此,其授权范围也多集中在重大项目投资及战略规划制定调整等公司经营管理事项。

案例:某央企对不同业务子公司的授权范围

(1)商务服务业子公司:为开展经营租赁等业务而购置资产的决定权;

(2)技术服务业子公司:投资×万元以下的科技成果转化项目的决定权;

(3)运输子公司:投资×万元以下的资产购置、升级改造的决定权;

(4)物流业子公司:投资×亿元以下的物流仓储设施建造的决定权。

部分企业还将对外捐赠等公益事项的决定权授权给子公司董事会。

案例:在招商局港口集团股份有限公司(招商局集团有限公司下属子公司)案例中,股东会和董事会审议通过的《对外捐赠管理制度》明确规定,董事会有权决定单笔金额在6000万元(含)以下的对外捐赠事项,而对于6000万元以上的对外捐赠事项,仍由股东大会保留决定权。

3. 授权程序:集团公司向下授权的程序合规问题

集团公司通过制定或修改公司章程、制定授权清单、制定决策或授权制度的方式对子公司进行授权。在大部分事项上,集团公司授权子公司自行决定且无须向集团公司进行反馈,但还有一部分事项由子公司自行决定后仍需向集团公司备案。

国资委授权清单中已经明确集团公司可以层层向下授权，但在向下授权的同时规定了相应的监督反馈措施，如国资委将企业五年发展战略和规划/年度投资计划的决定权授予综合改革试点企业的董事会自行审批，但同时董事会需将审批情况向国资委报告/备案。同理，集团公司可以参考国资委授权清单的要求，对于需要向国资委报告/备案的事项，同样要求子公司向集团公司报告/备案，使授权得到有效监督，同时加强被授权人行权的谨慎性。

在国资委授权清单中，有 28 项授权是无须备案事项，有 7 项授权事项仍需企业向国资委进行备案。在搜集的 3 家集团公司授权案例中，有 2 家公司要求子企业对特定授权事项向集团公司备案，1 家公司并未作出明确规定。

案例 1：国资委授权清单明确规定，对商业一类和部分符合条件的商业二类中央企业实行工资总额预算备案制管理。在陕西煤业化工建设（集团）有限公司（以下简称陕煤集团）案例中，陕煤集团授权具备条件的所属企业开展企业自聘经理层成员和重要人员激励试点工作，同样也对所属企业全面实行工资总额预算备案制管理。

案例 2：国资委授权清单对国有资本投资、运营公司试点企业明确规定，授权董事会审批所属创业投资企业、创业投资管理企业等新产业、新业态、新商业模式类企业的核心团队持股和跟投事项，有关事项的开展情况按年度报国资委备案。在贵阳某国有企业案例中，贵阳某国有企业通过《新授权清单》授予子公司董事会审批所属创业投资企业、创业投资管理企业等新产业、新业态、新商业模式类企业的核心团队持股和跟投事项的决定权，同时也要求子公司董事会就有关事项的开展情况按年度报母公司备案。

（二）董事会授权模式参考

1. 董事会授权专门委员会

（1）授权范围：根据《关于中央企业加强子企业董事会建设有关事项的通知》规定，企业可以根据董事会需要，设置战略投资、提名与薪酬、审计与风险控制等专门委员会，为董事会重大决策提供决策咨询、建议。

在搜集的13家董事会授权案例中，有11家公司通过公司章程、董事会议事规则、董事会审计和风险委员会议事规则等文件明确了董事会授予专门委员会的职权，授权范围均为研究权、建议权、监督权。

案例1：在中广核核技术发展股份有限公司案例中，董事会授权战略委员会对长期发展战略和重大投资决策、资本运作、资产经营项目等影响公司发展的重大事项和风险进行研究并提出建议。另外，董事会还授予审计委员会监督及评估内部及外部审计工作、审核公司的财务信息及披露、监督经理层依法治企情况等权限。

案例2：在中信金属股份有限公司案例中，公司在聘请或者更换外部审计机构时，董事会审计委员会未形成审议意见或提出建议的，董事会不得进行审议，即将审计委员会的建议设为前置程序，在一定程度上授权审计委员会参与决策；同时，公司还要求内部审计部门应当向审计委员会报告工作，并提供重大财务事项检查报告。

综上，因董事会专门委员会一般只具有研究权、建议权与监督权，为避免专门委员会职责弱化，可以考虑将专门委员会的意见及建议作为董事会决策的必要内容，要求董事会在未采纳专门委员会意见时进行理由说明和情况公开。从而，调动各专门委员会参与决策的积极性，同时促进各业务部门向相应的专门委员会报告工作，落实专门委员会的监督权。

(2)专门委员会工作事项(参考)

①战略与投资委员会：重大投资、融资方案、重大资本运作、资产经营项目、重大事项建议权等。

②提名与薪酬委员会：董事、高级管理人员人选及薪酬待遇建议权等。

③审计与风险控制委员会：外部审计机构选聘建议权、公司内部审计制度实施监督权等。

2. 董事会授权董事长、总经理

(1)授权程序：《中央企业董事会工作规则(试行)》明确规定董事会可以根据公司章程和有关规定，将部分职权授予董事长、总经理行使。同时《关于中央企业加强子企业董事会建设有关事项的通知》中规定，董事会应根据公司章程，加强自身制度建设，制定董事会议事规则、专门委员会议事规则、董事会授权管理办法等支撑保障制度。由此可知，董事会向下授权的依据应当是公司章程，在公司章程的基础上再细化授权事项。

在搜集的 13 家董事会授权案例中，有 5 家公司在公司章程中对董事长、总经理进行概括性授权，有 2 家公司在公司章程中直接具体到了授权事项和授权程度；另外，还有 1 家公司在公司章程中明确规定，《公司法》所规定的董事会职权原则上不得概括性授权董事长行使，如确需授权，应当以董事会决议的方式进行一事一授。

案例 1：瑞泰科技股份有限公司在《公司章程》中明确规定，除对外担保、财务资助事项外，董事会可以授权总经理审批对外投资、委托理财、收购出售资产、资产抵押、关联交易、对外捐赠事项，总经理的具体审批权限由董事会制定的《总经理工作细则》进行规定。

案例 2：佛山佛塑科技集团股份有限公司在《公司章程》中明确规定，董事会授予总裁单个境内(含香港、澳门特别行政区)投资总额或交易金额在 5000 万元以下的主业投资项目(包括技改投资、权益性投资、经营性投资等)的决定权。

案例 3：招商银行股份有限公司在《公司章程》中明确规定，《公司法》规定的董事会职权原则上不得授予董事长、董事、其他机构或个人行使，某些具体决策事项确有必要授权的，应当通过董事会决议的方式依法进行，授权应当一事一授，不得将董事会职权笼统或永久授予其他机构或个人行使。

(2)授权范围：《中央企业董事会工作规则(试行)》明确提到企业重大和高风险投资项目必须由董事会决策，因此董事会可以授权给董事长、经理层、总经理的应为公司一般性、多发性、重复性、风险固定的日常经营管理事项。

案例 1：江苏润邦重工股份有限公司通过《授权管理制度》明确规定董事会授予董事长公司日常经营管理事项的决定权，包括公司总资产 5% 以下的资产处置决定权、公司总资产 5% 以下的对内投资决定权、10,000 万元以下的对外投资决定权、500 万元以下的对外赞助、捐赠决定权等。

案例2：深圳南山热电股份有限公司通过《董事会议事规则》明确规定董事会授予经理层总工程师任免、董事会审批标准以下的资产处置、关联交易、计提、转回资产减值准备事项的决定权。

第三节 国有企业董事、监事、高级管理人员的兼职合规性

国有企业是全面建成小康社会的重要力量，是中国特色社会主义的重要支柱，是以公有制为主体的经济基础的重要体现，国有企业领导人员应当切实维护国家出资人利益，不得滥用职权、损害国有资产权益。但一些国企管理人员在外违规兼职、以权谋私、利益交换等问题时有发生，笔者就国有企业董事、监事及高级管理人员的兼职合规问题展开讨论，旨在明确国企领导人员兼职的合规界限。

一 国有企业董事、监事及高级管理人员兼职限制

（一）兼职的定义

兼职是除全职外的另一种工作形式，兼职人员既可以领取本职工作的工资，又可以领取兼职工作的工资。我国《劳动合同法》中并未明确禁止企业职工进行兼职行为，但国有企业基于国家出资人的特殊性质，在国企职工兼职取薪方面存在特殊的规定。

（二）总体原则

2009年7月1日，中共中央办公厅、国务院办公厅印发了《国有企业领导人员廉洁从业若干规定》，其第3条规定，国有企业领导人员应当遵守国家法律法规和企业规章制度，依法经营、开拓创新、廉洁从业、诚实守信，切实维护国家利益、企

业利益和职工合法权益,努力实现国有企业又好又快发展,针对国有企业领导人员的廉洁诚信问题制定了总体原则。

(三)对内兼职的限制

笔者收集了目前与公司董监高内部兼职相关的部分法律法规规定,见表6。

表6 对内兼职的限制

序号	限制对象	法律规定	具体内容
1	国有企业董事、监事、高级管理人员	《公司法》	第50条 股东人数较少或者规模较小的有限责任公司,可以设一名执行董事,不设董事会。执行董事可以兼任公司经理。 第51条第1款、第4款 有限责任公司设监事会,其成员不得少于三人。股东人数较少或者规模较小的有限责任公司,可以设一至二名监事,不设监事会。 董事、高级管理人员不得兼任监事。 第68条 国有独资公司设经理,由董事会聘任或者解聘。经理依照本法第四十九条规定行使职权。 经国有资产监督管理机构同意,董事会成员可以兼任经理。 第114条 公司董事会可以决定由董事会成员兼任经理。
2	公司高级管理人员、董事、监事	《企业民主管理规定》	第39条 公司高级管理人员和监事不得兼任职工董事;公司高级管理人员和董事不得兼任职工监事。
3	国有企业董事、高级管理人员	《企业国有资产法》	第25条第2款、第3款 未经履行出资人职责的机构同意,国有独资公司的董事长不得兼任经理。未经股东会、股东大会同意,国有资本控股公司的董事长不得兼任经理。 董事、高级管理人员不得兼任监事。

结合表6可知,国家出资人对企业控制权越高的,对于内部兼职的要求越严格,对于非国有独资、国有控股的企业,可自行由执行董事或董事会决定兼任经理事宜。

另外,无论是国有企业还是非国有企业,监事与董事、高级管理人员之间不得互相担任。根据《公司法》的规定，监事的职责包括：对董事、高级管理人员执行公司职务的行为进行监督，对违反法律、行政法规、公司章程或者股东会决议的董事、高级管理人员提出罢免的建议，当董事、高级管理人员的行为损害公司的利益时，要求董事、高级管理人员予以纠正等。由此可见监事与董事、高级管理人员在职责设定上就处在对立面，不可相互担任，否则容易导致职权划分混乱，公司监事一职无法发挥应有的监督和检查作用，进而致使监事制度形同虚设、国有资产遭受损失。

在一些地方性规定中，对监事的兼职也作出了更为严格的限制，如《深圳市属国有企业监事管理暂行规定》（2006 修订）第 14 条第 1 项规定：监事（特指由市国资委依法向企业委派或推荐任职的下列人员）应当遵守下列行为规范：未经批准不得在所在企业或其他关联机构兼职。

（四）对外兼职的限制

笔者收集了目前与公司董监高在外兼职相关的部分法律法规规定，见表 7。

表 7　对外兼职的限制

序号	限制对象	法律规定	具体内容
1	国有企业领导人员	《国有企业领导人员廉洁从业若干规定》	第 5 条　国有企业领导人员应当忠实履行职责。不得有利用职权谋取私利以及损害本企业利益的下列行为： …… （六）未经批准兼任本企业所出资企业或者其他企业、事业单位、社会团体、中介机构的领导职务，或者经批准兼职的，擅自领取薪酬及其他收入； …… 第 14 条　国有企业领导人员应当按年度向履行国有资产出资人职责的机构报告兼职、投资入股、国（境）外存款和购置不动产情况，配偶、子女从业和出国（境）定居及有关情况，以及本人认为应当报告的其他事项，并以适当方式在一定范围内公开。

续表

序号	限制对象	法律规定	具体内容
2	国有企业中层以上管理人员	《国务院国有资产监督管理委员会关于规范国有企业职工持股、投资的意见》	第4条第11款 国有企业中层以上管理人员,不得在职工或其他非国有投资者投资的非国有企业兼职;已经兼职的,自本意见印发后6个月内辞去所兼任职务。
3	国有独资公司的董事长、副董事长、董事、高级管理人员	《公司法》	第69条 国有独资公司的董事长、副董事长、董事、高级管理人员,未经国有资产监督管理机构同意,不得在其他有限责任公司、股份有限公司或者其他经济组织兼职。
4	国有企业董事、高级管理人员	《企业国有资产法》	第25条第1款 未经履行出资人职责的机构同意,国有独资企业、国有独资公司的董事、高级管理人员不得在其他企业兼职。未经股东会、股东大会同意,国有资本控股公司、国有资本参股公司的董事、高级管理人员不得在经营同类业务的其他企业兼职。
5	国有资本投资、运营公司董事长、董事(外部董事除外)、高级经理人员	《国务院关于推进国有资本投资、运营公司改革试点的实施意见》	第2条第4款第3项 国有资本投资、运营公司董事长、董事(外部董事除外)、高级经理人员,原则上不得在其他有限责任公司、股份有限公司或者其他经济组织兼职。
6	国有企业领导人员	《关于国有企业领导人员违反廉洁自律"七项要求"政纪处分规定》	第2条 本规定适用于国有独资、国有控股、国有参股企业中由行政机关或者政府直属特设机构以委任、派遣、提名、聘任等形式任命的国有企业领导人员。 第3条 国有企业领导人员不得有下列行为:……(七)违规自定薪酬、兼职取酬、滥发补贴和奖金。

结合表7可知,法律对于国有企业董事、高级管理人员的对外兼职限制较多,其中,国有独资公司的董事及高级管理人员对外兼职虽没有明令禁止,但仍须经国有资产出资人审批同意;相比之下,国有控股、参股公司的董事及高级管理人员在对外兼职方面的管控程度则有所降低,国有控股、参股公司的董事及高级管理人员只有在经营同类业务的其他企业兼职时才需要得到股东会的同意,而对于非

经营同类业务的其他企业兼职则没有此限制。

国有企业的外部董事及国有企业的监事因并不必须为企业职工,因此不受对外兼职的限制。

在国有企业董监高的兼职程序具体规定上,各地规定还存在细微差异,例如,广东省多部门联合下发的《关于促进国有企业领导人员廉洁从业禁止违规兼职的通知》中规定:国有企业领导人员在本企业所出资企业等进行兼职的,必须提前按干部管理权限上报组织部门或履行国有资产出资人职责机构审批备案;所兼任职务实行任期制的,任期届满拟连任必须重新审批备案。南京市国有资产监督管理委员会(以下简称南京市国资委)颁布的《监管企业领导人员兼职、取酬的暂行规定》中明确,南京市国资委监管的国有独资、国有控股、国有参股三类企业中的领导人员,确因履行出资人职责需要兼职的,必须经企业党委会、董事会和经理班子讨论同意,再由相关部门审批。总体而言,国有企业董监高对外兼职需要履行内部审批和外部审批两道程序。

(五)兼职取酬的限制

根据《国有企业领导人员廉洁从业若干规定》,国有企业董事、高级管理人员在经过批准可以进行兼职的情况下,也不能擅自领取兼职薪酬,包括但不限于奖金、津贴等收入。本条款可以理解为,国有企业董事、高级管理人员并不禁止领取兼职薪酬,需要经过审批,但领取薪酬后是否可以作为个人收入在本条中尚未明确。

《中国共产党纪律处分条例》第94条第3款规定,违反有关规定在经济组织、社会组织等单位中兼职,或者经批准兼职但获取薪酬、奖金、津贴等额外利益的,应当给予处分。本条款将获取兼职薪酬规定为会被处罚的行为,由此可知在兼职取薪上对党员领导干部的限制更为严格,禁止国企党员干部获取兼职报酬。

部分地方对国有企业董事、高级管理人员也保持经批准可兼职但不可领取兼职薪酬的统一规定,如山西省国有资产监督管理委员会(以下简称山西省国资委)出台的《企业管理人员兼职问题若干规定》中明确,山西省国资委监管企业及所属各级单位中层以上管理人员,不得领取任何兼职报酬和享受福利待遇,即无论是否"擅自",均不得领取兼职薪酬。南京市国资委颁布的《监管企业领导人员兼职、取酬的暂行规定》中则明确，在下属国有独资企业中兼职的，一律不准领取任何兼职报酬；在控股企业、参股企业兼职的，兼职单位给予的兼职报酬必须全额上交任职企业，纳入统一核算，不得据为己有。

总体而言，对于国有企业董事、高级管理人员，在经批准可以对外进行兼职的情况下，擅自领取兼职报酬仍属于违规行为，即使兼职单位发放了兼职报酬，也仍需要上交任职企业，不得作为个人收入，即“兼职不取酬”。

（六）违规兼职的法律后果

笔者收集了目前与公司董监高违规兼职相关的部分法律法规规定，见表8。

表8　违规兼职的法律后果

序号	处罚对象	法律规定	具体内容
1	国有企业领导人员	《国有企业领导人员廉洁从业若干规定》	第22条第1款、第2款　国有企业领导人员违反本规定第二章所列行为规范的，视情节轻重，由有关机构按照管理权限分别给予警示谈话、调离岗位、降职、免职处理。应当追究纪律责任的，除适用前款规定外，视情节轻重，依照国家有关法律法规给予相应的处分。 第23条　国有企业领导人员受到警示谈话、调离岗位、降职、免职处理的，应当减发或者全部扣发当年的绩效薪金、奖金。 第24条　国有企业领导人员违反本规定获取的不正当经济利益，应当责令清退；给国有企业造成经济损失的，应当依据国家或者企业的有关规定承担经济赔偿责任。 第25条　国有企业领导人员违反本规定受到降职处理的，两年内不得担任与其原任职务相当或者高于其原任职务的职务。 受到免职处理的，两年内不得担任国有企业的领导职务；因违反国家法律，造成国有资产重大损失被免职的，五年内不得担任国有企业的领导职务。 构成犯罪被判处刑罚的，终身不得担任国有企业的领导职务。

续表

序号	处罚对象	法律规定	具体内容
2	国企党员领导干部	《中国共产党纪律处分条例》	第94条第1款、第3款　违反有关规定从事营利活动,有下列行为之一,情节较轻的,给予警告或者严重警告处分;情节较重的,给予撤销党内职务或者留党察看处分;情节严重的,给予开除党籍处分:(一)经商办企业的;…… 违反有关规定在经济组织、社会组织等单位中兼职,或者经批准兼职但获取薪酬、奖金、津贴等额外利益的,依照第一款规定处理。
3	国有企业领导人员	《关于国有企业领导人员违反廉洁自律"七项要求"政纪处分规定》	第12条　违反规定兼职或者兼职取酬的,给予记过或者记大过处分;情节较重的,给予降级或者撤职处分;情节严重的,给予开除处分。

根据表8可知,国有企业相关人员违规兼职的,除可能受到降职、免职、扣发奖金等处分外,因兼职所获得的报酬也会被视为不正当经济利益,被责令清退,同样说明了兼职不应取酬的要求。

二　常见违规兼职行为及合规建议

(一)国企董监高违规兼职

案例:某县投资集团有限公司(国有独资公司)在检查干部职工兼职等问题时,向县国资中心上报本公司副总经理刘某存在兼职的情况,经驻县国资委纪检监察组进一步核查,发现刘某在本县一事业单位兼任会计一职,属违规兼职行为。刘某受到诫勉谈话处理,集团董事长、总经理吴某对擅自同意刘某违规兼职负领导责任,受到批评教育处理。

(二)国企董监高违规取酬

案例:2014年3月至2020年12月,某市国有独资公司总经理在兼任该市某投资集团下属控股子公司董事长期间,通过报销交通费、差旅费等形式套取资金共计 42.96 万元,用于违规发放自身兼职报酬,被给予党内严重警告处分。

案例:2007 年至 2017 年,赵某某在兼任某市属国企监事及法人代表期间,违规领取报酬 1.45 万元。2020 年 4 月,赵某某受到诫勉谈话,并退缴违规所得。

(三)合规建议

通过上述案例可知,国企董监高人员兼职违规行为主要分为未经批准擅自对外兼职,及虽经批准兼职但违规领取兼职报酬。在规范国有企业董监高人员兼职行为的措施上,可以考虑以下几个方面。

1. 制度约束:国有企业应根据法律法规对兼职取酬的限制,在企业内部规章制度中进行同样规定,明确不可兼职的对象和职务,制定兼职报备审批流程,并向员工进行宣传讲解、定期培训,强化员工的廉洁诚信意识。

2. 事前审批:国企人员在考虑兼职之前,应当向有关单位提前进行报备,对兼职的具体内容、时间、地点等相关信息进行说明,经有关单位审批同意后才可进行兼职行为。在上述案例中,国有独资公司的副总经理对外兼职仅取得了该公司董事长、总经理的同意,导致该兼职行为违规。因此在确认相关人员是否可对外兼职时,应特别注意审批单位是否具有审批对外兼职的资格,如国有独资公司与国资控股、参股公司的董事、高级管理人员兼职的审批机构就存在差异。国有企业应当根据实际情况建立并完善对董监高人员对外兼职的审批流程,避免仅通过公司内部审批的违规兼职情况出现。

3. 本职工作优先:国企人员在对外兼职期间,应承诺在按时按质完成本职工作的基础上再进行兼职工作,不得使兼职行为影响本职工作,在对本职工作产生影响的情况下,应考虑减少或取消兼职工作。

4. 定期报备:国有企业应要求在外兼职的相关人员按时向履行国有资产出资人职责的机构报告兼职情况,并不定期检查兼职人员是否有违规取酬情况,尤其是对外兼职职务较高的相关人员,应重点核查是否有利用职权为自身违规发放兼职薪酬的行为。

第四节　国有企业聘任职业经理人的合同订立问题

在近年国有企业完善现代企业制度改革中,建立职业经理人制度无疑是重要的改革内容之一。随着市场化选聘高级管理人员愈加普遍,职业经理人为国有企业注入活力的同时,也带来更高的人员流动风险,国有企业与职业经理人围绕双方之间的聘任关系产生的法律争议逐渐浮现出来。鉴于职业经理人就任高管职位的特殊法律性质牵涉多种法律关系,国企既需要在遵守国资监管规定的前提下充分发挥职业经理人作用,实现“员工能进能出”的改革目标,又要规避“能进能出”背后潜藏的法律纠纷隐患,在此情况下,做好与职业经理人之间的合同设计,对于改革中的国企可谓至关重要。

笔者基于实务经验,并结合部分司法判例中的法院观点,对国有企业与职业经理人订立合同所涉及的几个常见问题进行简要分析,谨与读者探讨。

一 国有企业建立职业经理人制度的改革动因

通常意义上,职业经理人是指具备一定素质和能力,以经营管理工作为其长期职业,掌握企业实际经营权的人。[1] 职业经理人的出现是现代企业所有权与经营权高度分离的产物,它标志着企业经营管理的职业化、专业化和技能化。[2] 在市场经济改革推进过程中,我国职业经理人的出现和发展由来已久,而国有企业因其特殊性质,在内部治理和人事任免方面很长时间内并未完全与现代企业制度接轨,而是采用由政府或国资监管机构任命的方式决定其高级管理人员的任

〔1〕 参见赵万一:《公司经理与经理权》,法律出版社2013年版,第225页。
〔2〕 参见赵树文:《国有企业职业经理人法律制度完善》,载《社会科学家》2015年第7期。

职。此种方式下,企业在人事管理方面法律风险较低,但在组织活性、效率和经营管理专业能力等方面的问题也更为突出。

党的十八届三中全会发布的《中共中央关于全面深化改革若干重大问题的决定》中“推动国有企业完善现代企业制度”部分提出:“健全协调运转、有效制衡的公司法人治理结构。建立职业经理人制度,更好发挥企业家作用。深化企业内部管理人员能上能下、员工能进能出、收入能增能减的制度改革。”这意味着建立职业经理人制度成为新时期国有企业改革的政策措施之一。

2015 年 8 月 24 日,中共中央、国务院印发的《关于深化国有企业改革的指导意见》为改革进一步指明了方向。该意见明确:“推行职业经理人制度,实行内部培养和外部引进相结合,畅通现有经营管理者与职业经理人身份转换通道,董事会按市场化方式选聘和管理职业经理人,合理增加市场化选聘比例,加快建立退出机制。推行企业经理层成员任期制和契约化管理,明确责任、权利、义务,严格任期管理和目标考核。”“对市场化选聘的职业经理人实行市场化薪酬分配机制,可以采取多种方式探索完善中长期激励机制。”

从国家政策来看,国有企业推行职业经理人制度改革,意味着企业的高级管理人员不再由政府委派,而是由董事会进行市场化选聘和管理,采用契约化管理,实行任期制并严格考核,且有明确的退出机制。显然,这些做法有利于国企建立更公平高效的内部激励机制,促进企业按照市场规律和现代企业制度自主经营,激发国有企业活力和市场竞争力。为免歧义,笔者所称的“职业经理人”即指国有企业在推进上述改革过程中,通过市场化方式选聘的,担任公司总经理、副总经理、财务负责人或公司章程规定的其他高级管理人员的人员。

改革要求既已明确,国有企业便应着手考虑为职业经理人设定任期,明确划定其各项权利义务和责任,建立与考核目标完成情况挂钩的绩效管理约束,并确定岗位调整和解除聘用的条件和路径,等等。改革过程中,如何在合同设计上做到合法合规、行之有效并降低法律风险,是国有企业需要应对的问题。

二 企业与职业经理人聘任关系性质的认定

从笔者经验来看,国有企业在与拟聘任的职业经理人订立合同时通常有以下疑问:需要订立哪些合同?聘任试用期如何确定?在职业经理人连续任职情况下,国有企业是否应与其建立无固定期限劳动合同关系?如何设定解聘条款?……笔者认为,在回答这些问题前有必要探讨的基础性问题是,企业与职业经理人之间聘任关系的法律性质如何认定?这个问题的解答,关系着履约过程中和争议发生时的法律适用,进而影响合同双方权利和义务的分配及风险和责任的承担。

可以明确的是,职业经理人被国有企业聘任为高级管理人员,其与企业之间便形成公司法意义上的聘任关系。依据《公司法》相关规定,董事会有权聘任和解聘高级管理人员,作为高级管理人员的职业经理人根据法律和公司章程的规定行使经营管理职权。理论上,公司经理与公司之间的关系被定位为代理关系或委任关系,这种关系有着不同于一般民事代理关系的商事特征。

在《公司法》之外,关于公司高级管理人员是否属于劳动法律规范中的劳动者范畴,公司与其聘任的高级管理人员之间是否形成劳动关系,在理论和司法实践上尚且存在一定争议。分歧原因主要在于高级管理人员在公司治理结构上具有优势地位,有着较强的议价能力,高级管理人员不仅掌握公司经营管理权限,而且一定程度上代表公司意志,与普通劳动者存在显著区别。鉴于劳动法的价值取向在于保护处于相对弱势地位的劳动者的权益免受损害,维持劳动者与用人单位之间的关系平衡,反对将高管纳入劳动者范畴的观点一般认为,高级管理人员在雇佣关系中并不处于弱势地位,若将其按照劳动者认定并予以倾斜保护,有违劳动法的保护目的。而支持将高管认定为劳动者的观点则指出,高级管理人员同样具有劳动者的从属性〔1〕

〔1〕 从属性是实践中常用的判断劳动者身份的标准。从属性理论认为,用人单位与劳动者之间形成控制者和被控制者的关系,劳动者提供与其人身不可分割的劳动力,从属于用人单位的经济生产活动,并作为用人单位的成员接受雇佣劳动管理。

特征，也受到公司的劳动管理和控制。

在立法上，与德国、美国等国家将具有特殊地位的管理人员排除在“雇员”范畴之外的做法不同，我国的劳动法律规范并未将公司高级管理人员明确排除出劳动者范畴，亦未专门针对高级管理人员作出劳动法律规范适用上的特殊规定。在此立法背景下，我国劳动仲裁和司法实践倾向于承认公司高级管理人员的劳动者身份，认定公司高级管理人员与其所就任的公司之间形成劳动关系，并援引劳动法律规范进行裁判；双方签订的合同名称是否为“劳动合同”一般不会影响该等认定，在一些双方未订立书面合同的案例中，法院也会综合考虑一方向公司提供经营管理劳动并获取薪酬、受到公司管理等事实认可双方存在事实劳动关系。

例如，在(2018)粤0305民初9467号“张柏忠与中国南玻集团股份有限公司、前海人寿保险股份有限公司劳动争议案”中，原告张柏忠与被告中国南玻集团股份有限公司订立了劳动合同，且经被告董事会决定聘任为被告的公司副总裁；广东省深圳市南山区人民法院认为双方自订立劳动合同至张柏忠离职期间双方存在劳动关系，称“虽然原告获聘的职位为高级管理人员，其获聘是由被告南玻集团董事会决议通过的，但股份公司董事会聘用或解聘公司高级管理人员的行为并不能改变该高级管理人员与公司之间为劳动关系的法律性质，股份公司高级管理人员因离职而与该公司产生的争议纠纷属于劳动争议纠纷”。

又如，在(2019)湘01民终6279号“湖南段氏影业文化发展有限公司、滕骞劳动争议案”中，被上诉人滕骞与上诉人湖南段氏影业文化发展有限公司之间订立了《总经理聘用合同》，湖南省长沙市中级人民法院认可双方之间存在劳动合同关系，并适用《工资支付暂行规定》第16条的规定进行裁判，认定被上诉人按照《总经理聘用合同》的约定赔偿上诉人的经济损失，这实际上认可了《总经理聘用合同》作为书面劳动合同的属性。

再如，在(2023)鲁06民终2733号“乔瑞生、王爱臣等劳动争议案”中，上诉人乔瑞生与涉案烟台阜诚投资咨询有限公司之间未曾就工资报酬等订立书面合同，但该公司每月向乔瑞生通过银行转账工资，乔瑞生曾是该公司的法定代表人并从事公司经营管理事务，一、二审法院均认可其与该公司之间存在事实劳动关系。二审法院山东省烟台市中级人民法院考虑到乔瑞生在法定代表人变更登记完成后长期未向该公司提供劳动、该公司亦长期未再安排乔瑞生工作的事实，认定双方均表现出不再履行劳动合同的意愿，从而致使双方之间的劳动权利、义务在事实上灭失。

不过，笔者亦检索到少量否认高级管理人员与所任职公司之间存在劳动关系，并排除劳动法律规范适用的案例。例如，在（2020）苏 09 民终 2907 号“徐振华与江苏勤力热电有限公司聘用合同争议案”中，江苏省盐田市中级人民法院认为，“公司高管与公司的普通劳动者不同，其更多的是作为公司的管理层，替代股东进行经营管理，与劳动者处于合同相对人地位，而非劳动者；公司高管的报酬主要体现在对其经营管理的激励，而非劳动者工资的对价性和保障性的结合，多是根据公司经营效益而确定；公司高管一般是由股东（大）会或董事会任免，并不与公司签订劳动合同，其身份的确认主要是通过任免公示的方式实现……”鉴于该案上诉人徐振华与被上诉人勤力公司签订聘用协议，上诉人担任勤力公司的常务副总经理（厂长），受勤力公司董事会的委托负责日常生产经营管理工作，且有权提请董事会聘任或解聘公司副总、总工程师，有权任命中层及以下管理人员等事实情况，法院认为其工作职责明显与一般劳动者的工作内容不同，其报酬标准为年薪＋考核报酬，也与劳动者工资的对价性和保障性的属性不同，从而认定“徐某在勤力公司不符合一般劳动者的从属性特征，应认定徐某为勤力公司的高级管理人员，其与勤力公司订立的《聘用协议书》应受《公司法》的调整，不适用《劳动合同法》的相关规定”。

地方法院发布的司法文件也呈现出不同的观点。《上海市高级人民法院关于审理劳动争议案件若干问题的解答》（沪高法民一〔2006〕17 号）第 1 条第 1 项规定，除非有特定情况，“对于企业的现任法定代表人或负责人要求企业支付薪酬的纠纷，劳动争议处理机构不予受理”；而《浙江省高级人民法院民事审判第一庭、浙江省劳动人事争议仲裁院关于印发〈关于审理劳动争议案件若干问题的解答（五）〉的通知》（浙高法民一〔2019〕1 号）则反映出对法定代表人和总经理等与公司之间基于书面劳动合同或事实情况建立劳动关系的认可。〔1〕 对于在公司未与高管签订劳动合同的情况下是否依《劳动合同法》第82条的规定支持向高级管理人员支付2倍工资这一问题，部分法院持有否定意见或有条件的支持意见。例如，2015年发布的《云南省高级人民法院云南省人力资源和社会保障厅关于审理劳动人事争议案件若干问题的座谈会议纪要》提出，高级管理人员的职责范围内若包含管理订立劳动合同内容的，原则上用人单位无须支付2倍工资；〔2〕而《江苏省高级人民法院、江苏省劳动人事争议仲裁委员会关于审理劳动人事争议案件的指导意见（二）》（苏高法审委〔2011〕14号，已废止）第6条则规定，公司没有和高管签订劳动合同，但用人单位能通过聘任书来证明已经实际履行的劳动关系的存在的情况下，不支持高级管理人员申请2倍工资。

由此可见，高级管理人员与公司之间的法律关系涉及不同部门法的交叉适用，在定性上尚且存在争议，在此我们不再就分歧问题深入研析。仅就实务角度而言，笔者认为，国企与职业经理人订立合同时将劳动法律规范考虑在内是十分必要的。

三 国企与职业经理人订立合同时常见问题

针对国企聘任职业经理人时常见的合同问题，在前文讨论的基础上，笔者分别展开进一步的分析。

（一）国企需要与拟聘任的职业经理人订立哪些合同

2020年国务院国有企业改革领导小组办公室发布了《关于印发〈“双百企业”

〔1〕 该文件第2条明确：“劳动者被母公司指派到子公司担任法定代表人或总经理等职务的，在确定与谁建立劳动关系时，有书面劳动合同的以书面劳动合同为准；没有书面劳动合同的，可以根据社会保险缴纳、工资支付、工作地点等情况来综合认定”。

〔2〕 根据该文件第3条第8项的相关规定，“用人单位高管人员向用人单位主张二倍工资，用人单位能够证明该高管人员职责范围包括管理订立劳动合同内容的”，用人单位无须向劳动者支付2倍工资，“但有证据证明高管人员向用人单位提出订立书面劳动合同而被拒绝的除外”。

推行经理层成员任期制和契约化管理操作指引〉和〈“双百企业”推行职业经理人制度操作指引〉的通知》，后又发布了对以上两个指引有关问题的回答，为国有企业建立职业经理人制度提供了较为全面的指引，具体到合同订立方面，《“双百企业”推行职业经理人制度操作指引》亦颇具参考价值。

依据《“双百企业”推行职业经理人制度操作指引》，双百企业应做好与职业经理人之间的契约管理，与职业经理人签订劳动合同、聘任合同、经营业绩责任书等。其中，董事会授权董事长与职业经理人签订聘任合同，聘任期限原则上应与劳动合同期限保持一致。在内容上，聘任合同主要明确经理层成员任期、行为规范及双方的责任、权利和义务，约定奖惩依据、离职或解聘条件、责任追究等条款。根据聘任合同，董事会授权董事长与总经理签订年度和任期经营业绩责任书，经营业绩责任书根据经理层成员的岗位职责和工作分工，一般包括双方基本信息，考核内容及指标，考核指标的目标值、确定方法及计分规则，考核实施与奖惩及其他需要约定的事项；各企业可根据自身情况，将岗位聘任协议和经营业绩责任书分开签订或合并签订。

笔者认为上述合同订立思路兼顾了合规和实用性，为国企提供了可行的执行思路。《“双百企业”推行职业经理人制度操作指引》实际上确认了职业经理人担任高管时与公司之间建立劳动关系的现实性。通过订立劳动合同，国企与职业经理人将双方劳动关系的基本要素以书面形式明确下来，确保职业经理人接受企业管理和规章制度约束，也能够避免国有企业因未签书面劳动合同而面临劳动法律责任风险。

聘任协议的重点则在于高级管理人员与公司之间就高管的职责、业绩考核要求乃至对赌条款等内容，其内容兼有商事法律关系和一般民事法律关系的特点。值得指出的是，聘任协议中关于岗位、薪酬、任期、劳动条件和劳动纪律等的约定也可以构成双方劳动合同关系的内容。实务中，部分企业可能考虑到高管薪酬较高，故对其进行岗位调整或解聘等引发的企业负担或责任风险较大，因而在劳动合同中仅约定基础岗位和基础工资，以期将劳动关系与聘任关系“分离”，实现灵活调整、免受劳动法律规范约束的效果。然而，鉴于司法和仲裁实践并未否认聘任、聘用协议具有或含有劳动合同属性,且劳动关系的认定依据不局限于书面约定,我们认为上述做法无法达到规避风险的预期目的。在聘任协议与劳动合同关于上述事项的约定不一致的情况下,法院可能根据订立合同的先后顺序确定双方意思表示,并结合劳动者的实际职责、薪酬等事实情况来综合判断双方劳动法律关系内容,而非径行根据命名为“劳动合同”的特定合同中的条款来认定。

尽管聘任协议与劳动合同可能存在内容和功能上的重合,但将两个合同区分订立仍有其必要性。劳动合同不适于设定诸如竞业禁止等忠实勤勉义务,也难以涵盖业绩对赌等民商事法律性质的条款;由于法律的严格规定,劳动合同条款一般较为固定,国企基本可以参照当地劳动主管部门制定的示范文本拟定,并特别注意尽量在劳动合同中对薪酬待遇进行清晰明确的约定,以降低双方就劳动报酬范围产生争议的风险。职业经理人的经营业绩指标要求一般在聘任协议中约定,也可单独订立经营业绩责任书,企业还有必要设计配套的考核方案,并为职业经理人设定年度考核目标和任期考核目标。在合同文本上进行上述区分后,不仅条款安排可以更加清晰,发生争议时,法律关系认定也更加明确,进而在法律适用上可以更好作出区分。

此外,鉴于高级管理人员在企业中占据一定优势地位,国企还可以与掌握关键资源或核心技术的岗位的职业经理人专门签订条款更加完备严格的保密协议和竞业限制协议,特别是对其离任后的相关义务和违约责任进行明确约定,以弥补公司法无法约束离任高级管理人员的不足,并避免无法适用《劳动合同法》第23条和第24条规定的情形出现。

(二)如何约定考核期或试用期

实践中,国有企业的人事任免相较于私企而言一般更为审慎,部分国企对高级管理人员倾向于设定长达一年的考察期。这类“考察期”与劳动法上的试用期相似,但若在操作上按照试用期处理(如考察期工资低于转正后的工资水平、考察期内企业可以任意单方解聘等),则可能违反劳动法规定。

《劳动合同法》第19条对试用期的上限有明确的强制性规定,故聘任协议或岗位聘任书约定的试用期或“考察期”如果长于劳动合同约定的试用期,则超过部分不能适用劳动法关于试用期的特殊规定。超出合法的试用期期限后，即使职业经理人有不符合录用条件等情况，企业也不具有《劳动合同法》第 21 条规定的在特定情况下单方辞退职业经理人的权利。

为此，笔者建议国企考虑在岗位和薪资等方面进行合理安排来实现长期考察职业经理人的目的。例如将约定岗位基础薪资按职业年限进行合理调整，或者在将职业经理人正式聘任到拟定的高管职位之前，先行安排其到预备岗位就任并按考察期签订劳动合同，若职业经理人在该岗位履职期满经考核符合企业要求，则进一步为其安排正式岗位并重新订立劳动合同和聘任协议等；对不符合要求的，可中途依法调整岗位或解除劳动合同（该种情况下仍须执行《劳动合同法》关于调整岗位和解除合同的相关规定），或待合同期满后不再考虑聘任。

（三）连续聘用情况下，国企与职业经理人之间是否相应形成无固定期限劳动合同关系

根据前文分析，国有企业在签订劳动合同和聘任协议时，原则上应当保持聘任任期和劳动合同期限约定相同，并且在到期需要连续聘任的情况下及时续签劳动合同。根据《劳动合同法》第 10 条和第 82 条关于订立书面劳动合同的规定，若聘任期超过了劳动合同期限而未续签劳动合同，对用人单位而言存在法律责任风险，除非有证据证明职业经理人可以订立而拒不订立劳动合同（例如，劳动者是企业人力资源部门负责人的情况下，司法实践倾向于认为未订立劳动合同的责任不在用人单位），职业经理人原则上可以自未订立合同的第 2 个月起主张 2 倍工资的经济赔偿。若未及时续签连续达 1 年，则可视为用人单位与劳动者已订立无固定期限劳动合同。

此外，依据《劳动法》第 20 条和《劳动合同法》第 14 条等有关条款的规定，若发生企业连续聘用某职业经理人超过 10 年（该职业经理人的劳动关系连续超过 10 年）等法定情况，则职业经理人有权主张订立无固定期限的劳动合同，此时用人单位应当订立无固定期限劳动合同，否则用人单位依法每月应向劳动者支付 2 倍的工资。

订立无固定期限劳动合同意味着，国企不能因劳动合同期限届满而与劳动者解除劳动关系，且《劳动合同法》第 41 条第 2 款还有关于裁减人员时应优先留用与本单位订立无固定期限劳动合同的人员的规定。为此，国企在决定对职业经理人连续聘任时，需要充分考虑到劳动法的此类规定给企业设定的限制和法律责任。若发生依法应当签订无固定期限劳动合同的情况，国企又不希望因此影响职业经理人选聘的灵活性，可事先与劳动者协商，在遵守合法、公平、平等自愿、诚实信用原则的前提下，根据经营管理需要视情况对劳动者调整岗位。为规避劳动法律责任风险，国企应当关注对调整岗位的必要性、合理性提供证明，并针对与劳动者书面协商的过程留存书面材料；若职业经理人不同意调整岗位，国企应有其不能胜任岗位的证据作为调岗依据，具体可参考下一个问题中的分析。

（四）如何妥善处理职业经理人的解聘

实践中，国企可能因为职业经理人考核未达标、违规违纪，或者合理调任等需要解聘职业经理人，这些原因未必足以支持国企合法顺利地完成双方基于聘任产生的多重法律关系的解除。在职业经理人的解聘问题上，国企需要同时考虑高级管理人员作为领导干部、公司高级管理人员和劳动者的多重身份属性，遵守不同的实体和程序要求，做到多重意义上的合规。

在党组织领导班子集体决议制度和国资监管层面，国有企业内部重要的人事任免一般要根据“三重一大”决策程序交由本企业乃至上级单位的党委会事先审议；涉及国资监管制度规定中要求经上级单位或国资监管机构审批、决定或备案的，还应当执行相关程序。

在符合党委会议事规则和国资监管程序的基础上，国企得以根据《公司法》和公司章程的规定，执行公司治理层面的解聘程序，即由董事会或执行董事根据规定的程序作出免职决议或决定。此外，基于对外公示的要求，国企还可能需要根据市场主体登记管理相关法规变更在市场监管部门的主要人员备案信息。

在公司法层面，国企高管职务解聘是由董事会依据公司法律规范和公司章程作出的人事处理，国企董事会或执行董事有权决定聘任或解聘职业经理人，即国企在符合法定和章定的权限主体、程序和形式等要件的情况下，即可通过有效的内部决议对职业经理人进行解聘，法律并未规定解聘高管需要以特定事由为条件,除非章程作出明确限制,否则该等事由是否存在不影响解聘决定或决议的效力。

主流司法观点亦认可公司高级管理人员解聘具有无因性,或言董事会、执行董事具有任意解聘权。法院一般不会对公司作出的解聘总经理或其他高级管理人员的内部决议是否有充分的事实依据、理由是否成立进行审查,公司可自主决定解聘事宜。例如,在最高人民法院发布的第三批指导案例第10号“李建军诉上海佳动力环保科技有限公司公司决议撤销纠纷案”[(2010)沪二中民四(商)终字第436号]中,法院认为:“人民法院在审理公司决议撤销纠纷案件中应当审查:会议召集程序、表决方式是否违反法律、行政法规或者公司章程,以及决议内容是否违反公司章程。在未违反上述规定的前提下,解聘总经理职务的决议所依据的事实是否属实,理由是否成立,不属于司法审查范围。”

劳动法律关系的解除或调整则受到更多约束。若职业经理人的解聘涉及劳动合同的解除或者变更(如岗位调整的情况),应当符合劳动法律规范的强制性条件。对于公司解聘高级管理人员是否自然意味着劳动合同同时解除,司法实践中存在一定争议。若因聘任期满不续聘、提前解聘或未能竞争上岗等不再继续聘任职业经理人,聘任协议实际履行期限短于劳动合同期限,但公司又不能证明发生了法定的劳动合同解除事由,公司在未与职业经理人协商一致的情况下单方面解除与职业经理人之间的劳动合同关系,一般而言该职业经理人可以要求继续履行或由公司支付赔偿金。司法实践中,对于已有公司生效解聘决议,但劳动合同未到期且高级管理人员不同意解除劳动关系,又没有公司可以单方解除劳动合同的法定事由的情况,少量案例在高级管理人员同意更换岗位的情况下支持其继续履行劳动合同的诉求,即劳动合同不因解聘而自然解除;部分案例中法院认定“高管岗位已被替代,劳动合同客观上无法继续履行”或基于其他影响合同继续履行可能性的事由,不支持继续履行劳动合同,只支持由公司依法支付违法解除劳动合同赔偿金。

此外,如果国有企业与职业经理人之间签署的聘任协议对解聘设定了条件和相应违约后果,则国企也需要受到合同约束,若在不符合合同约定条件下解聘职业经理人,国企也可能面临承担违约责任的风险。

综上,国企解聘职业经理人的行为在不同法律关系之下受到不同程度的约束,可能产生不同的法律效果,笔者认为国企尤其有必要关注的是可能带来更高法律风险的劳动关系问题。

在不具备用人单位可单方解除劳动合同的法定条件的情况下,国企可考虑按以下方式降低解聘职业经理人的劳动法律风险。

首先,注意与职业经理人做好协商并留存证明。若国企与职业经理人之间可就解聘事宜协商一致并签订书面协议等确认材料,则国企当然可以避免违法解除劳动合同的责任后果。此种情况下国企一般需要与拟解聘的职业经理人协商确认合法合理的补偿金等事项,并注意形成书面证明。值得补充的是,部分司法案例中,尽管双方并未形成协商一致解除劳动合同的书面材料、仅有用人单位的解除通知,但法院基于被解聘的经理人自身在较长时间内均未向用人单位表达工作要求的事实认定,推定其以此方式表达了解除劳动关系的意愿,从而认可双方系协商解除劳动合同,不过此种案例情况实属特殊。

其次,在未达到法定解除劳动合同的条件下,公司可考虑对解聘的职业经理人采用调岗的处理方式。依据《劳动合同法》第35条关于劳动合同内容变更的相关规定,在任职业经理人岗位的调整应当由合同双方协商一致并采取书面形式。有部分司法判例基于公司高级管理人员的特殊身份,支持用人单位在一定程度上突破劳动法律规范对于调整岗位的限制,但此种特殊对待并非司法实践的通例。为此,国企可考虑在劳动合同中作出相关约定,如"用人单位有权根据自身经营管理需要和员工的表现与能力调整员工的工作岗位""员工同意根据考核情况和公司经营管理需要,服从公司的岗位和薪酬调整"等类似表述,此种表述在部分司法判例中被法院认可为合法有效,例如,在(2016)川01民再119号"别川琴、成都成华美好家园商贸有限公司劳动争议案"中,成都市中级人民法院认为该类条款系双方自愿签署,应为合法有效,双方均应遵守。不过,鉴于上述约定毕竟与劳动法律规范关于劳动合同解除的法定性要求之间有一定矛盾,此类条款的合法性和有效性在司法实践中的确存在争议。为进一步规避法律风险,国有企业还可制定更加完善可行的竞聘上岗方案和相关聘任标准等,在方案中明确竞聘上岗不成功的员工须接受用人单位的合理岗位调整安排,并要求员工报名竞聘时对竞聘上岗方案予以书面认可,以证明双方事先协商一致、并非违法调岗。同时,在实际进行调岗的过程中,建议遵守必要和合理原则,不应存在歧视性、侮辱性调整,既要结合企业实际经营管理需要,又要适当考虑新岗位与员工个人的能力,与其原工作具有一定匹配性、关联性,并注意在作出决定之前充分征求员工个人意见,对操作过程进行书面留痕。当然,更为稳妥的做法是事先在企业制度、合同条款中明确"不能胜任工作"的具体认定标准,且仅在职业经理人符合该等"不能胜任工作"认定标准的情况下,方才执行岗位调整。实操中,企业一般可以将绩效考核结果作为职业经理人"不能胜任工作"的依据,为此,建议在绩效考核制度中明确何种绩效分数或绩效等级属于"不胜任工作",考核的维度与指标应当合理并具有较好的可操作性,且作为判断员工"不能胜任工作"依据的绩效考核等级最好是较长维度的考核的结果,以免劳动仲裁机构和法院不认可其合理性;此外,还可在绩效考评制度中设置员工书面确认环节,并可以设置申诉制度,从而取得员工认可绩效考核结果的证明。

最后,在劳动合同期满未续签的特殊情况下国企可考虑依据《最高人民法院关于审理劳动争议案件适用法律问题的解释(一)》第 34 条第 1 款的规定单方解除劳动合同。司法实践中,法院可能适用该条款的规定,认可用人单位单方面终止劳动关系不违反法律规定。例如,(2016)最高法民监 84 号"陈丽芬与中化广东有限公司劳动争议纠纷案"的裁判要旨显示,若双方劳动合同期限届满,未就续订劳动合同事项达成一致意见,依据《最高人民法院关于审理劳动争议案件适用法律若干问题的解释》(2001 年)第 16 条[1]的规定,任何一方均可提出终止劳动关系;该案中用人单位多次向劳动者发出解除劳动关系通知书,劳动者也明确表示不解决工资、房改房换购等问题拒不续签劳动合同,最终双方就续订劳动合同

---

〔1〕 该条文第 1 款规定:"劳动合同期满后,劳动者仍在原用人单位工作,原用人单位未表示异议的,视为双方同意以原条件继续履行劳动合同。一方提出终止劳动关系的,人民法院应当支持。"上述条款内容与《最高人民法院关于审理劳动争议案件适用法律问题的解释(一)》第 34 条第 1 款的规定一致。

条款无法达成一致,用人单位与劳动者解除劳动关系并不违反法律、法规的规定,劳动者主张解除劳动合同关系违法的理由不能成立。但值得注意的是,能否适用上述司法解释的条款免除用人单位的违法解除责任存在不确定性。如前文所述,根据《劳动合同法》第 14 条、第 82 条规定,已建立劳动关系但未同时订立书面劳动合同的,用人单位还可能面临向劳动者每月支付 2 倍的工资的法律责任,故不及时续签合同对国企而言风险较高,且部分司法案例中,法院认为上述司法解释关于单方解除的规定并未免除用人单位在未订立书面劳动合同情况下应支付双倍工资的责任。此外,根据《劳动合同法》第 14 条第 3 款"用人单位自用工之日起满一年不与劳动者订立书面劳动合同的,视为用人单位与劳动者已订立无固定期限劳动合同"之规定,若国企在劳动合同期限届满后 1 年内未与职业经理人续签劳动合同,则视为双方已订立无固定期限劳动合同,此情况下,国有企业也不得单方终止劳动关系。

从前文分析可以看出,国企在推行职业经理人改革过程中涉及的合同问题,既有其特殊性,又有与非国企之间的大量共性,许多问题尚无明确的法律依据或司法实践和理论上的定论,在实务处理中,需要对风险进行前瞻性的预判,并采取谨慎且灵活的应对措施。

总体而言,鉴于国企改革是冲破旧有体系和经验的庞大且综合性强的创新工程,法律工作者在协助国企改革的过程中,势必需要综合考量党政领导机制、国资监管体系、公司治理规范以及劳动法律规范等多重规则体系的交叉影响和内在张力,而不能局限于个别领域和单个条款。同时,密切关注司法实践对于分析和处理具体问题也十分必要。唯有积极分析各类问题、不断充实实务经验,国企法务或法律顾问才能更好协助国有企业用活各项改革举措,帮助国企实现"健全协调运转、有效制衡的公司法人治理结构"的改革目标与合法合规的企业经营管理要求的有机统一。

第五节 国有企业民主管理体制机制

企业民主管理体制机制的建立及运行是公司治理结构的关键组成部分,因此保证企业民主管理机制合规运行对于完善法人治理结构、建立现代企业制度十分重要。笔者主要就职工代表大会、工会、职工董事及监事 3 个板块对企业民主管理合规运行进行分析阐述。

一 基本形式——企业职工代表大会

(一)职工代表大会的性质

企业职工代表大会是职工行使民主管理权利的机构,是企业实行民主管理的基本形式,是企业尊重和保障职工依法享有的知情权、参与权、表达权和监督权等民主权利的体现。职工代表大会制度是在多部相关法律法规中都作出明确规定的职工参与民主管理的法定形式。如《公司法》第 18 条第 2 款规定,公司依照宪法和有关法律的规定,通过职工代表大会或者其他形式,实行民主管理。《工会法》第 36 条第 1 款规定,国有企业职工代表大会是企业实行民主管理的基本形式,是职工行使民主管理权利的机构,依照法律规定行使职权。

(二)职工代表大会的建立

根据《企业民主管理规定》第 3 条第 2 款的规定,企业应当按照合法、有序、公开、公正的原则,建立以职工代表大会为基本形式的民主管理制度。企业应根据法律法规政策的规定,结合实际,制定职工代表大会的实施办法,明确其组织制度、职权内容和工作制度等。

（三）职工代表大会的召开与决议

1. 组织形式

根据《职工代表大会操作指引》，企业可以根据职工人数、实际需要和客观条件选择召开职工大会或职工代表大会，二者在性质、任务、职权等方面没有区别。根据规定，企业职工人数在50人以下的，应当召开职工大会，由全体职工参与。

2. 职工代表

职工代表系由其所在部门或科室职工按照一定民主程序选举产生，代表广大职工参加企业职工代表大会、行使民主管理权利的职工。

（1）人数与结构

《企业民主管理规定》第8条第2款规定，职工代表人数应按照不少于全体职工人数的5%的比例确定，同时不少于30人。

在选举职工大会代表时，应充分考虑如何兼具广泛性与代表性，其中，企业中层以上管理人员和领导人员一般不得超过职工代表总人数的20%。所属单位多、分布广的企业集团，中层以上管理人员和领导人员一般不超过代表总数的35%。女职工代表比例应与企业女职工比例相适应，有被派遣劳动者的企业，职工代表中应有被派遣劳动者代表。

（2）产生和罢免

产生：职工代表系代表广大职工参加企业职工代表大会、行使民主管理权利的职工，一般由其所在部门或科室职工按照一定民主程序选举产生，职工代表实行常任制，职工代表任期与职工代表大会届期一致，可以连选连任。具体要求如下。

首先，《企业民主管理规定》第23条规定，与企业签订劳动合同建立劳动关系以及与企业存在事实劳动关系的职工，有选举和被选举为职工代表大会代表的权利。依法终止或者解除劳动关系的职工代表，其代表资格自行终止。

其次，《企业民主管理规定》第24条规定，职工代表应当以班组、工段、车间、科室等为基本选举单位由职工直接选举产生。规模较大、管理层次较多的企业的职工代表，可以由下一级职工代表大会代表选举产生。

如果选举职工代表,应当召开选举单位全体职工会议,会议应有2/3以上职工参加。选举职工代表的决定,应经全体职工的过半数通过方为有效。

罢免:根据《企业民主管理规定》《中华全国总工会办公厅关于规范召开企业职工代表大会的意见》的规定,罢免(撤换)职工代表也需要经过民主程序决定,首先由选举单位提出要求,明确罢免对象及理由,工会也应当介入调查核实,同时应当给予被罢免对象申辩的权利。原职工代表确认被罢免的,还应当选举新的代表进行替换。罢免流程同选举流程,都需要召开全体职工会议经表决通过方可执行。

3. 召开程序

根据《企业民主管理规定》第17条的规定,职工代表大会每年至少召开一次。职工代表大会全体会议必须有2/3以上的职工代表出席。职工代表大会议题和议案应当由企业工会听取职工意见后与企业协商确定,并在会议召开7日前以书面形式送达职工代表。另外规定,职工代表大会可以设主席团主持会议。

4. 决议程序

职工代表大会形成决议的程序主要有:(1)大会主席团根据职工代表大会对企业领导人的工作报告及其他各项议题进行审议的情况,起草决议草案;(2)将决议草案交给职工代表团(组)讨论,提出修改意见;(3)大会主席团集中各代表团(组)讨论的意见作进一步修改;(4)在职工代表大会上宣读决议草案,并征求职工代表意见;(5)大会对决议草案进行表决形成决议。

《企业民主管理规定》第20条规定,职工代表大会表决相关事项,必须按照少数服从多数的原则,经全体职工代表的过半数通过。对重要事项的表决,应当采用无记名投票的方式分项表决。《企业民主管理规定》第21条规定,职工代表大会在其职权范围内依法审议通过的决议和事项具有约束力,非经职工代表大会同意不得变更或撤销。企业应当提请职工代表大会审议、通过、决定的事项,未按照法定程序审议、通过或者决定的无效。

(四)职工代表大会的职权

1. 审议建议权

《企业民主管理规定》第13条第1项规定,职工代表大会有权听取企业主要负责人关于企业发展规划、年度生产经营管理情况，企业改革和制定重要规章制度情况，企业用工、劳动合同和集体合同签订履行情况，企业安全生产情况，企业缴纳社会保险费和住房公积金情况等报告，提出意见和建议；审议企业制定、修改或者决定的有关劳动报酬、工作时间、休息休假、劳动安全卫生、保险福利、职工培训、劳动纪律以及劳动定额管理等直接涉及劳动者切身利益的规章制度或者重大事项方案，提出意见和建议。

《劳动合同法》第 4 条第 2 款规定，用人单位在制定、修改或者决定有关劳动报酬、工作时间、休息休假、劳动安全卫生、保险福利、职工培训、劳动纪律以及劳动定额管理等直接涉及劳动者切身利益的规章制度或者重大事项时，应当经职工代表大会或者全体职工讨论，提出方案和意见，与工会或者职工代表平等协商确定。

2. 审议通过权

《劳动合同法》第 51 条第 1 款规定，企业职工一方与用人单位通过平等协商，可以就劳动报酬、工作时间、休息休假、劳动安全卫生、保险福利等事项订立集体合同。集体合同草案应当提交职工代表大会或者全体职工讨论通过。

《企业民主管理规定》第 13 条第 2 项规定，职工代表大会有权审议通过集体合同草案、按照国家有关规定提取的职工福利基金使用方案、住房公积金和社会保险费缴纳比例和时间的调整方案、劳动模范的推荐人选等重大事项。

3. 民主监督权

《企业民主管理规定》第 13 条第 4 项规定，职工代表大会有权审查监督企业执行劳动法律法规和劳动规章制度情况，民主评议企业领导人员，并提出奖惩建议。

4. 民主选举权

《企业民主管理规定》第 13 条第 3 项规定，职工代表大会有权选举或者罢免职工董事、职工监事，选举依法进入破产程序企业的债权人会议和债权人委员会中的职工代表，根据授权推荐或者选举企业经营管理人员。

5. 国企特殊职权

对于国有企业和国有控股企业职工代表大会的职权，法律法规作了特殊的规定。根据《企业民主管理规定》第14条规定，国有企业和国有控股企业职工代表大会除按第13条规定行使职权外，行使下列职权：(1)听取和审议企业经营管理主要负责人关于企业投资和重大技术改造、财务预决算、企业业务招待费使用等情况的报告，专业技术职称的评聘、企业公积金的使用、企业的改制等方案，并提出意见和建议；(2)审议通过企业合并、分立、改制、解散、破产实施方案中职工的裁减、分流和安置方案；(3)依照法律、行政法规、行政规章规定的其他职权。

（五）职工代表大会合规风险与建议

随着企业合规运行的法律体系逐渐完善以及企业合规建设的不断深入，职工代表大会制度作为企业职工参与民主决策、民主管理、民主监督，行使民主管理权利的基本形式，已经越来越受到各方重视，因此企业在落实职工代表大会制度时应当重点关注下述风险。

1. 建立程序风险——未按规定建立职工代表大会

案例1：新疆维吾尔自治区某企业因长期未建立职工代表大会制度，被市总工会责令限期改正，收到整改通知后该企业仍未建立职工代表大会制度，为此市总工会根据《新疆维吾尔自治区职工代表大会条例》规定，提请劳动保障行政部门向该企业处以5000元罚款，并对该企业法定代表人处以2000元罚款。

案例2：某市直企业自成立至今，一直没有建立职工代表大会制度，也从未召开过职工代表大会，该市总工会在了解情况后向其发出《某市企事业单位民主管理制度建设监督检查整改意见书》，督促其尽快建立职工代表大会制度、依法依规召开职工代表大会，意见书中载明："贵公司自成立起至今，一直没有召开职工代表大会，为此，建议贵公司依法尽快建立职工代表大会制度。对无正当理由拒不依法建立职工代表大会制度、拒绝召开职工代表大会的行为，我们将按有关法律法规规定，提请本地人力资源和社会保障部门予以处理，请贵公司在两个月内进行整改。"

合规建议：2012年公布的《企业民主管理规定》明确了在社会主义市场经济条件下，所有的企业都要实行民主管理，而职工代表大会是职工行使民主管理权利的机构，是企业进行民主管理的基本形式，具有不可替代的地位。各地也开始逐步出台关于未建立职工代表大会的处罚规定，明确规定了警示、罚款等处罚形式。因此，国有企业更应当起到民主管理的模范带头作用，通过建立完善职工代表大会审议制度、职工代表大会评议制度等民主制度，规范企业民主管理的运行程序，提高企业职工参与民主管理的积极性。

2. 表决程序风险——职工代表大会未按规定进行表决

案例：某市国有企业近期拟调低员工住房公积金和社会保险费缴纳比例，将修改方案提交职工代表大会审议。本次职工代表大会审议表决，仍与此前一样采取了举手表决的方式，以多数同意调低缴纳比例的结果通过表决。后因该企业员工投诉至市总工会，市总工会向该企业发出整改通知，要求该企业职工代表大会通过无记名投票的方式重新进行表决。

合规建议：《企业民主管理规定》第 20 条明确提出职工代表大会“对重要事项的表决，应当采用无记名投票的方式分项表决”。无记名投票的表决方式能够保障企业职工对涉及自身利益的重大事项充分表达意见，而不受其他因素的影响。

因此，在表决方式上应根据所表决的内容有所区分，对于日常性、程序性、较为简单的问题，可采用举手表决或口头通过、鼓掌通过等方式，对涉及职工切身利益的重大事项必须采用无记名投票的方式分项表决。

3. 职权行使风险——未落实职工代表大会职权

（1）未经职工代表大会等民主程序审议，直接涉及劳动者切身利益的制度事项无效

案例 1：在（2018）京 03 民终 12726 号“北京建安特西维欧特种设备制造有限公司与郑某杰劳动争议案”中，法院认为：“《劳动合同法》第 4 条第 2 款规定：用人单位在制定、修改或者决定有关劳动报酬、工作时间、休息休假、劳动安全卫生、保险福利、职工培训、劳动纪律以及劳动定额管理等直接涉及劳动者切身利益的规章制度或者重大事项时，应当经职工代表大会或者全体职工讨论，提出方案和意见，由工会或者职工代表平等协商确定。第 4 款规定：用人单位应当将直接涉及劳动者切身利益的规章制度和重大事项决定公示，或者告知劳动者。因此，用

人单位规章制度须经法定要件具备效力,即用人单位规章制度须经必要的民主程序制定,内容不违反法律及行政法规的强制性规定、向劳动者公示告知,三者缺一不可。本案建安特公司以员工手册、考勤制度为制度依据解除劳动合同,但其未能提供证据证明两份制度系经民主程序制定,具有明显瑕疵,不宜作为建安特公司进行用工管理的有效依据。"

案例 2:在(2021)苏 04 民终 4391 号案件中,江苏省常州市中级人民法院认为,用人单位未能举证证明其存在非因劳动者原因停工、停产或者歇业的事实,故用人单位采用让劳动者所谓"怠工"的方式,变相降低劳动者收入水平,既违背劳动合同的约定,更加违反了劳动法关于工资的强制性规定。用人单位安排部分员工待岗的决定直接涉及劳动者切身利益,应当经过职工代表大会或全体职工讨论,提出方案和意见,与工会或者职工代表平等协商确定。未经过职工代表大会或者全体职工讨论,没有与工会或者职工代表进行平等协商,也没有征求员工意见,不符合相关法律规定。

合规建议:设置企业职工代表大会制度的目的是维护劳动者的合法权益,使他们能够参与企业管理决策,维护自己的切身利益。如果关系劳动者切身利益的制度事项未经职工代表大会审议,未听取职工意见即执行,那么职代会便会形同虚设,该项制度也无法令劳动者信服,易遭到劳动者的投诉。

为此,企业应当重视职工代表大会的职能和地位,特别是在涉及劳动者切身利益的制度事项上应当严格履行职工代表大会审议程序,充分听取职工代表大会的建议和意见,以保障职工合法权益。

(2)未提交职工代表大会审议通过,国有企业职工裁减、分流和安置方案无效

案例:在(2013)民申字第 959 号"郑某城与罗甸县国有资本营运有限责任公司、黔南州拍卖有限责任公司国有企业出售合同纠纷案"中,最高人民法院认为,罗甸县水泥厂改制领导小组制定并公示罗甸县水泥厂资产出让预案及职工安置预案,罗甸县水泥厂也先后召开职工大会、职工代表大会讨论改制方案和职工安置方案,但并无证据显示该改制方案和职工安置方案已经由罗甸县水泥厂职工大会或职工代表大会审议通过。因此,罗甸县水泥厂改制违反《关于规范国有企业

改制工作意见的通知》第1条第9项的规定，损害社会公共利益，再审理由不能成立。同时该企业的资产评估也不符合有关规定，即使已经报本级人民政府和上级人民政府批准，最高人民法院最终认定该合同损害国家利益、损害社会公共利益，违反《合同法》第52条[1]而认定为无效。

合规建议：对于国有企业和国有控股企业，企业合并、分立、股权和资产并购交易过程中涉及职工裁减、分流和安置方案等内容，因与企业员工的权益密切相关，应当提交企业职工代表大会审议通过，若处置不当，易引发群体性劳动诉讼，同时会被法院认定为损害社会公共利益。

二 工作机构——企业工会

(一)工会的性质

工会是中国共产党领导的职工自愿结合的工人阶级群众组织，是中国共产党联系职工群众的桥梁和纽带。企业工会是职工代表大会或职工大会的工作机构，负责职工代表大会或职工大会的日常工作。《工会法》第6条第1款规定，维护职工合法权益、竭诚服务职工群众是工会的基本职责。工会在维护全国人民总体利益的同时，代表和维护职工的合法权益。

(二)工会的分类及法律地位

1. 工会的分类

工会按级别划分可分为全国组织、地方组织、基层组织。

企业、事业单位、机关和其他社会组织等基层单位，应当依法建立工会组织；企业职工较多的乡镇、城市街道，可以建立基层工会的联合会；县级以上地方建立地方各级总工会；同一行业或者性质相近的几个行业，可以根据需要建立全国的或者地方的产业工会；全国建立统一的中华全国总工会。

[1] 已废止，《民法典》无相关规定。

2. 工会的法律地位

根据《工会法》《最高人民法院关于产业工会、基层工会是否具备社会团体法人资格和工会经费集中户可否冻结划拨问题的批复》(2020修正)的相关规定,产业工会社会团体法人资格的取得是由工会法直接规定的,依法不需要办理法人登记。基层工会只要符合《民法典》、《工会法》和《中国工会章程》规定的条件,报上一级工会批准成立,即具有社会团体法人资格。人民法院在审理案件中,应当严格按照法律规定的社会团体法人条件,审查基层工会社会团体法人的法律地位。产业工会、具有社会团体法人资格的基层工会与建立工会的营利法人是各自独立的法人主体,基层工会主席为法定代表人。

(三)工会的建立流程

1. 提出建会申请

根据《工会法》第12条规定,基层工会、地方各级总工会、全国或者地方产业工会组织的建立,必须报上一级工会批准。上级工会可以派员帮助和指导企业职工组建工会,任何单位和个人不得阻挠。《工会基层组织选举工作条例》第7条第2款规定,建立的基层工会组织选举筹备工作由工会筹备组负责。筹备组成员由同级党组织代表和职工代表组成,根据工作需要,上级工会可以派人参加。

首先,应当成立工会筹备组,凡是已经建立党组织的基层单位,由党组织提出工会筹备组的组成人选;没有建立党组织的单位,由职工选出自己的代表,或由上一级工会与相关单位和职工协商,成立工会筹备组。

其次,工会筹备组应当向上一级工会提出建会申请,上级工会批准后,方可进行筹备工作。

2. 组织职工申请入会

凡是在单位领取劳动报酬,与单位存在合法劳动关系的,都可以申请加入工会。员工入会自愿申请,符合条件的,都有依法参加工会的权利,任何组织和个人不得阻挠和限制。

《企业工会工作条例(试行)》第8条第2款规定,会员代表大会的代表由会员民主选举产生,会员代表实行常任制,任期与企业本届工会委员会相同,可连选连任。

入会的职工划分成工会小组,在小组内由会员民主选举工会小组长。职工人数多的单位可设立分工会。

3. 提出召开大会申请

《工会基层组织选举工作条例》第 15 条第 1 款规定,基层工会组织实施选举前应向同级党组织和上一级工会报告,制定选举工作方案和选举办法。基层工会委员会委员候选人建议名单应进行公示。会员不足 100 人的基层工会组织应召开会员大会进行选举;会员 100 人以上的,应召开会员大会或会员代表大会进行选举。

召开会员(代表)大会前要向上一级工会提出申请。根据会员人数确定大会形式和规模,提出工会委员会、经费审查委员会、女职工委员会组成人员候选人建议名单应报经同级党组织和上级工会审查同意。需要注意,企业行政主要负责人、合伙人及其近亲属不得作为本企业基层工会委员会的人选。

4. 召开会员代表大会

按照上级工会的批复,召开会员代表大会的,按规定程序民主选举产生会员代表,其中一线职工、女职工和青年职工会员代表应占一定比例。工会委员会委员经无记名投票方式差额选举产生,差额比例不低于 5%;基层工会主席、副主席可以由会员大会或者会员代表大会直接选举产生,也可以由工会委员会选举产生,可以等额或差额选举产生。除此之外还应民主选举产生经费审查委员会和女职工委员会。

5. 向上级工会报告选举结果

大会选举结束后,基层工会组织应将选举结果报上级工会,经批准后生效。工会组建完成后进行后续工作,包括进行法人登记、刻制公章、办理工会专用银行账户等事项。

(四)工会的组织结构

1. 权力机关

会员大会或会员代表大会是企业工会的权力机关,每年召开一至两次会议。

经企业工会委员会或1/3以上会员提议可临时召开会议。会员代表大会的代表由会员民主选举产生。会员在100人以下的企业工会应召开会员大会,会议由全体会员参与。

2. 常设机构

《企业工会工作条例(试行)》第12条规定,企业工会委员会是会员大会或会员代表大会的常设机构,对会员大会或会员代表大会负责,接受会员监督。在会员大会或会员代表大会闭会期间,负责日常工作。《企业工会工作条例(试行)》第7条规定,会员25人以上的企业建立工会委员会;不足25人的可以单独建立工会委员会,也可以由两个以上企业的会员按地域或行业联合建立基层工会委员会。同时按有关规定建立工会经费审查委员会、工会女职工委员会。企业工会委员会由会员大会选举产生,并报上一级工会批准,每届任期3年或者5年。

(五)工会主席

职工200人以上的企业工会依法应配备专职工会主席。由同级党组织负责人担任工会主席的,应配备专职工会副主席。

1. 工会主席提名及选举

根据《企业工会工作条例(试行)》第24条的规定,国有、集体及其控股企业工会主席候选人,应由同级党组织和上级工会在充分听取会员意见的基础上协商提名。私营企业、外商投资企业、港澳台商投资企业工会主席候选人,由会员民主推荐,报上一级工会同意提名,也可以由上级工会推荐产生。

根据《企业工会工作条例(试行)》《工会基层组织选举工作条例》规定,工会主席、副主席可以由会员大会或会员代表大会直接选举产生,也可以由企业工会委员会选举产生。

2. 工会主席职权

企业工会主席的职权:(1)负责召集工会委员会会议,主持工会日常工作;(2)参加企业涉及职工切身利益和有关生产经营重大问题的会议,反映职工的意愿和要求,提出工会的意见;(3)以职工方首席代表的身份,代表和组织职工与企业进行平等协商、签订集体合同;(4)代表和组织职工参与企业民主管理;(5)代表和组织职工依法监督企业执行劳动安全卫生等法律法规，要求纠正侵犯职工和工会合法权益的行为；(6)担任劳动争议调解委员会主任，主持企业劳动争议调解委员会的工作；(7)向上级工会报告重要信息；(8)负责管理工会的资产和经费。

3. 工会主席的调动及罢免

工会主席、副主席因工作需要调动时，应当征得本级工会委员会和上一级工会的同意。工会主席、副主席不履行职责，上级工会应责令其改正；情节严重的可以提出罢免的建议，按照有关规定予以罢免。罢免工会主席、副主席须经会员大会全体会员或者会员代表大会全体代表过半数通过。

(六)工会的经费和财产

《中国工会章程》第36条规定，工会经费的来源为：(1)工会会员缴纳的会费；(2)建立工会组织的企业、事业单位、机关按每月全部职工工资总额的2%向工会拨缴的经费；(3)工会所属的企业、事业单位上缴的收入；(4)人民政府的补助；(5)其他收入。

(七)工会职权

1. 重大问题参与权

企业、事业单位、社会组织研究经营管理和发展的重大问题时应当听取工会的意见；召开会议讨论有关工资、福利、劳动安全卫生、工作时间、休息休假、女职工保护和社会保险等涉及职工切身利益的问题时，必须有工会代表参加。

2. 签订集体合同权

工会代表职工与企业、实行企业化管理的事业单位、社会组织进行平等协商，依法签订集体合同。企业、事业单位、社会组织违反集体合同，侵犯职工劳动权益的，工会可以依法要求企业、事业单位、社会组织予以改正并承担责任。

3. 提请劳动仲裁或诉讼权

因履行集体合同发生争议，经协商解决不成的，工会可以向劳动争议仲裁机构提请仲裁，仲裁机构不予受理或者对仲裁裁决不服的，工会可以向人民法院提起诉讼。

4. 解除劳动合同知情权

用人单位单方面解除职工劳动合同时，应当事先将理由通知工会，工会认为用人单位违反法律、法规和有关合同，要求重新研究处理时，用人单位应当研究工会的意见，并将处理结果书面通知工会。

（八）工会合规风险与建议

1. 工会主席滥用职权风险

案例1：海南省澄迈县人民医院工会主席王某违反国家法律法规规定，在担任县人民医院总务科负责人、县人民医院工会主席期间，利用职务便利，在电器采购、工程项目施工、资金拨付等方面为他人谋取利益，收受他人好处费。依据《中国共产党纪律处分条例》《监察法》等有关规定，经县纪委常委会会议研究，决定给予王某党内警告处分，由县监委给予其记过处分，收缴其违纪违法所得。

案例2：2013 年至 2016 年，叶某在担任某某公司党委委员、副总经理并主持全面工作期间，决定超出年度核定工资总额违规发放"过节费""开门红"等补贴，共计 50.25 万元。2015 年 2 月至 2017 年 7 月，叶某在兼任该公司工会主席期间，决定以现金形式违规发放工会福利，共计 5.17 万元。此外，叶某还存在违反工作纪律问题。2018 年 6 月 22 日，叶某受到党内严重警告处分，叶某及其他相关人员均已退缴违规领取的津贴和补贴。

合规建议：工会主席的职责是维护企业职工的利益，然而工会主席可能会因个人贪欲或者其他不良动机，而滥用主席权力（如负责管理工会资产和经费的权力），导致工会的声誉受损，同时影响工会成员的团结和积极性。因此，防止工会主席滥用权力是企业民主管理、合规运行的一个必要条件。

第一，企业应当建立健全工会主席的选举和监督机制。工会主席的选举应当充分遵循民主原则，通过民主选举的方式产生，而不是由上级直接指派或者自我推荐即可当选；上级工会也应当充分发挥对工会主席、副主席的监督作用，工会主席、副主席不履行职责的应责令其改正，情节严重的可以提出罢免的建议，按照有关规定予以罢免。罢免工会主席、副主席时也要注重相关程序合规履行，避免罢免结果无效。

第二,企业应当加强对工会主席的培训和教育。工会主席应该具备一定的政治素养、专业知识、组织能力和沟通能力,能够正确理解和执行工会的宗旨、任务和职责。《企业工会工作条例(试行)》第29条规定,新任企业工会主席、副主席,应在一年内参加上级工会举办的上岗资格或业务培训,为此,有关企业应当注重对工会主席的培训,不可使培训流于形式。

2. 未按规定使用工会经费风险

案例1:在《锡税一稽罚[2021]161号》中,2017年1月无锡某单位,由企业工会向员工发放购物卡88,700元,未履行代扣代缴义务,未代扣代缴个人所得税,被处以应扣未扣的个人所得税50%的罚款,共计3445.48元。

案例2:2018年3月21日,某风景区建设开发公司党支部书记、总经理姜某以工会名义组织欢送某员工退休并聚餐,事后用公款报销餐费1620元。2018年11月,姜某受到党内警告处分。

合规建议:工会经费的合理合法使用是相关部门监督检查的重点,经费的用途应当有合规合法的理由。因此企业应当从管理架构和制度完善等方面防范不合理使用经费带来的法律风险,如建立经费审查委员会,审查经费收支情况,同时充分发挥会员代表大会的监督作用,对于经费的不合理使用情况提出审查意见。

3. 未落实解除劳动合同知情权风险

案例1:在(2021)苏08民终5052号案件中,法院认为,用人单位单方解除劳动合同的,应当事先将理由通知工会;用人单位尚未建立工会的,通知用人单位所在地的工会。本案中,上诉人单方解除与被上诉人罗某某的劳动合同,事先未通知工会,其向所在地村民委员会报备,不符合法律规定,故解除程序违法。

案例2:在(2019)苏民申3252号再审案件中,江苏省高级人民法院审理认为,《江苏省劳动合同条例》第31条第2款明确要求,用人单位单方解除劳动合同,应当事先将理由通知工会;用人单位尚未建立工会的,应通知用人单位所在地工会。因本案双方劳动合同履行地位于江苏,故应适用前述法规,公司应当履行事先通知工会义务,故本案公司属于违法解除劳动合同。

合规建议:从企业民主管理合规运行的角度,建议用人单位单方解除劳动合同时,即使是在劳动者过错的情形下,也要在辞退员工之前告知工会理由。如果用人单位没有设立工会,为降低用人单位违法解除劳动合同的风险,可以采取通知用人单位所在地工会等方式变通处理。

三 民主代表——职工董事、职工监事

职工董事、职工监事制度,是依照法律规定,通过职工代表大会(或职工大会及其他形式)民主选举一定数量的职工代表,进入董事会、监事会,代表职工行使参与企业决策权利、发挥监督作用的制度。凡依法设立董事会、监事会的公司都应建立职工董事、职工监事制度。职工董事、职工监事制度是在多部相关法律法规中都作出明确规定的职工参与民主管理的重要形式,如《公司法》《工会法》《企业民主管理规定》《企业工会工作条例(试行)》《中华全国总工会关于进一步推行职工董事、职工监事制度的意见》等。

(一)职工董事、职工监事的设置

《公司法》第44条第2款规定,“两个以上的国有企业或者两个以上的其他国有投资主体投资设立的有限责任公司,其董事会成员中应当有公司职工代表;其他有限责任公司董事会成员中可以有公司职工代表”。这里的国有有限责任公司的范围比国有控股企业和国有实际控制企业的范围要小。如果公司股东有民营公司、外资公司或者自然人,即使公司为国有控股公司,也不属于这里规定的应当设立职工董事的国有企业。这里只对“两个以上的国有企业或者两个以上的其他国有投资主体投资设立的有限责任公司”的董事会提出了设置职工董事的强制要求,而《企业工会工作条例(试行)》第37条第1款则规定,“凡设立董事会、监事会的公司制企业,工会应依法督促企业建立职工董事、职工监事制度”,二者规定存在一定差异。笔者认为,《公司法》效力高于《企业工会工作条例(试行)》,应当优先适用《公司法》的规定。对于国有独资、全资公司而言,根据《国务院办公厅关于进一步完善国有企业法人治理结构的指导意见》规定,国有独资、全资公司的

董事会、监事会中须有职工董事和职工监事。

根据《公司法》第 51 条规定并结合最高人民法院公报案例[(2017)沪 02 终 891 号],设立监事会的有限公司和股份公司必须有职工代表监事和股东代表监事,并且职工代表监事的比例不得低于 1/3,此规定系效力性规定,而不是管理性规定,因此监事会中职工代表监事比例低于 1/3 的股东会决议无效。同时,《公司法》允许股东人数较少或规模较小的有限公司可以不设监事会,所以不设监事会的有限公司的监事可以不是职工代表和股东代表。

(二)职工董事、职工监事的产生和条件

1. 基本要求

根据《企业民主管理规定》第 36 条规定,公司制企业应当依法建立职工董事和职工监事制度,支持职工代表大会选举产生的职工代表作为董事会、监事会成员参与公司决策、管理和监督,代表和维护职工合法权益,促进企业健康发展。

公司应当依法在公司章程中明确规定职工董事、职工监事的具体比例和人数。职工董事的人数一般应占公司董事会成员总数的 1/4;董事会成员人数较少的,其职工董事至少应有 1 人。职工监事的人数不得少于监事会成员总数的 1/3。

2. 任职条件

根据相关法律规定,职工董事、职工监事人选的基本条件是:(1)本公司职工;(2)遵纪守法,办事公道,能够代表和反映职工的意见和要求,为职工群众信赖和拥护;(3)熟悉企业经营管理或具有相关的工作经验,有一定的参与经营决策和协调沟通的能力。公司工会主席、副主席一般应作为职工董事、职工监事候选人人选。

对于国有独资企业,《公司法》作出了特别规定:董事会成员由国有资产监督管理机构委派;但是,董事会成员中的职工代表由公司职工代表大会选举产生。国有独资公司监事会成员不得少于 5 人,其中职工代表的比例不得低于 1/3,具体比例由公司章程规定。监事会成员由国有资产监督管理机构委派;但是,监事会成员中的职工代表由公司职工代表大会选举产生。监事会主席由国有资产监督管理机构从监事会成员中指定。

同时,相关法律法规针对职工董事、职工监事的任职作了限制性规定:(1)未担(兼)任工会主席的公司高级管理人员以及《公司法》中规定的不能担任或兼任董事、监事的人员,不得担任职工董事、职工监事;(2)公司高级管理人员和监事不得兼任职工董事;(3)公司高级管理人员和董事不得兼任职工监事。《国有独资公司董事会试点企业职工董事管理办法(试行)》也有类似的规定:职工董事应经公司职工民主选举产生,公司党委(党组)书记和未兼任工会主席的党委副书记、纪委书记(纪检组组长)、公司总经理、副总经理、总会计师不得担任职工董事。虽然该规定只适用于中央企业建立董事会试点的国有独资公司,但其原理具有相当的普适性,特别是对各级国有企业具有参照适用效力。

另外,《公司法》对于"不得担任公司的董事、监事、高级管理人员"具体情形规定如下:(1)无民事行为能力或者限制民事行为能力;(2)因贪污、贿赂、侵占财产、挪用财产或者破坏社会主义市场经济秩序,被判处刑罚,执行期满未逾五年,或者因犯罪被剥夺政治权利,执行期满未逾五年;(3)担任破产清算的公司、企业的董事或者厂长、经理,对该公司、企业的破产负有个人责任的,自该公司、企业破产清算完结之日起未逾三年;(4)担任因违法被吊销营业执照、责令关闭的公司、企业的法定代表人,并负有个人责任的,自该公司、企业被吊销营业执照之日起未逾三年;(5)个人所负数额较大的债务到期未清偿。公司违反前款规定选举、委派董事、监事或者聘任高级管理人员的,该选举、委派或者聘任无效。董事、监事、高级管理人员在任职期间出现前述所列情形的,公司应当解除其职务。

3. 职工董事、职工监事的任期、补选、罢免

关于任期。职工董事、职工监事的任期与其他董事和监事的任期相同,任期届满可连选连任。

关于罢免。职工董事、职工监事不履行职责或者有严重过错的,经 1/3 以上的职工代表联名提议,职工代表大会全体代表的过半数通过可以罢免。

关于补选。职工董事、职工监事出现空缺时,由公司工会依照公司章程的规定提出替补人选,提请职工代表大会进行民主选举。

（三）职工董事、职工监事合规风险与建议

案例：在（2017）沪02民终891号案件中，一审上海市宝山区人民法院认为：根据我国《公司法》第51条的规定，有限责任公司设监事会的，监事会中职工代表的比例不得低于1/3，监事会中的职工代表由公司职工通过职工代表大会、职工大会或者其他形式民主选举产生。该规定系为确保公司在经营决策管理过程中不侵害职工合法利益、保障现代企业治理中的职工民主权利而设立的，具有强制性，公司在设立监事会时必须遵守。魏仁礼不具有长翔公司的职工身份，系争股东会决议中任命魏仁礼为长翔公司职工代表监事的内容应属无效；因监事会是一个整体，故该决议中的组成监事会的决议内容也应归于无效。长翔公司应根据《公司法》和公司章程的规定，重新选举和产生符合条件的监事会成员。

二审上海市第二中级人民法院认为：职工代表资格是成为职工代表监事的前提，本案中魏仁礼并非职工代表，因此不具备担任长翔公司职工代表监事的资格。《公司法》第51条第2款亦规定监事会中职工代表的比例不得低于1/3，该比例系公司法上效力性强制性规定，一审判决未有不当，驳回上诉。

合规建议：从职位设置的目的来看，职工董事、职工监事的设置是为了代表职工行使参与企业决策的权利、发挥监督作用，即相关人选必须来自职工群体，且能代表企业职工的意愿和利益，因此成为职工代表监事的前提条件是相关人员必须为企业职工，与公司签订劳动合同或者存在事实劳动关系。同时，职工董事、监事的选举程序合规也是企业民主管理的重要方面，国有企业应当通过职工代表大会、职工大会等形式，从职工代表中民主选举职工董事、监事。

第二章

优化产业布局的要点

第一节　国有企业对外投资的监管要求

国有企业作为国民经济的支柱，在推动社会经济发展中承担着重要的使命和责任。党的二十大报告明确提出要深化国资国企改革，加快国有经济布局优化和结构调整，推动国有资本和国有企业做强做优做大，提升企业核心竞争力，提高国有经济竞争力。

对外投资是国有资产布局的重要方式，投资质量和效益对国有资产保值增值及国有企业高质量发展影响重大，因此，对外投资一直是国资监管的重要板块。伴随着由管企业向管资本的理念转变，国资监管部门对国有企业对外投资的监管原则也从“重审批、轻监督”调整为“事前规范制度、事中加强监控、事后强化问责”，即在坚持合法、合规、合理的监管底线的前提下，着眼于针对制度及流程的管控，将应由企业自主经营决策的事项归位于企业，以进一步激发企业的活力。

《企业国有资产法》《企业国有资产监督管理暂行条例》就国有企业对外投资仅作了部分原则性规定，国务院及各级国资监管机构在此基础上出台了一系列文件规范国有企业对外投资工作。为便于分析，现仅梳理总结了中央、广东省和深圳市的对外投资监管制度，并以此为例来介绍国有企业对外投资的监管要求。

一 对外投资监管制度体系建设

国有企业的对外投资监管，首先以制度建设为基础。中央层面，国资委制定了《中央企业投资监督管理办法》及《中央企业境外投资监督管理办法》，分别规范中央企业在境内和境外从事的投资行为，同时国资委还制定了《中央企业违规经营投资责任追究实施办法（试行）》，对违反规定、未履行或未正确履行职责以及在经营投资中造成国有资产损失或其他严重不良后果的情形进行处理；广东省、深圳市层面以《广东省省属企业投资监督管理办法（试行）》及《深圳市属国有企业投资管理暂行规定》规范本级国有企业的对外投资行为，并相应制定了《广东省省属企业违规经营投资责任追究实施办法（试行）》及《深圳市属国有企业违规经营投资责任追究实施办法（试行）》，对包括对外投资在内的企业违规经营投资行为的责任追究问题进行规定。

笔者主要系根据《中央企业投资监督管理办法》《广东省省属企业投资监督管理办法（试行）》《深圳市属国有企业投资管理暂行规定》的相关规定，梳理了中央、广东省和深圳市三级国资监管机构对本级国有企业对外投资的监管要求。

二 对外投资的规范流程要求

为保障国有资产的安全，管控国有企业对外投资的风险，中央及地方国资监管部门对各级国有企业对外投资的流程作出了严格规定，具体包括编制年度投资计划，进行可行性研究论证，履行内部决策程序，向国资委备案/审核/核准，报送投资情况，编制年度投资报告和进行项目后评价（见图1）。

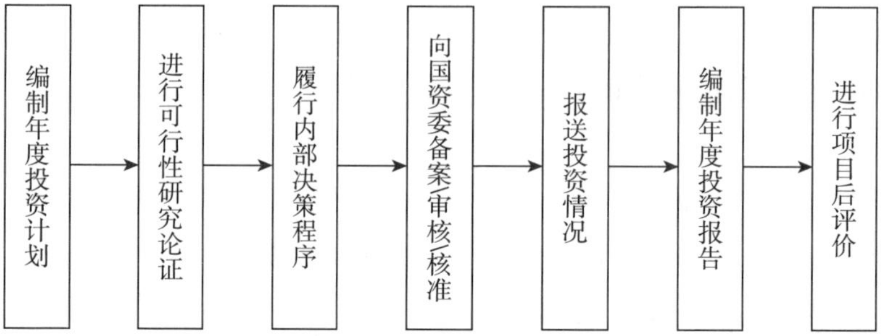

图1　国有企业对外投资流程

(一)编制年度投资计划

中央、广东省、深圳市三个层面均要求国有企业编制年度投资计划,并与企业年度财务预算相衔接(见表9)。中央层面对该项程序进一步细化,要求中央企业应于每年3月10日前将经董事会审议通过的年度投资计划报送国资委,同时明确了年度投资计划的主要内容,包括投资主要方向和目的、投资规模及资产负债率水平、投资结构分析、投资资金来源和重大投资项目情况。国资委接收并向企业反馈书面意见后,企业应根据国资委意见对年度投资计划作出修改。

深圳市层面,除编制年度投资计划外,对于部分投资项目还要求先行向市国资委申请立项(例如,应报市国资委核准或审批的投资项目,要求企业国有产权代表首先向市国资委申请立项;对于企业申报市级以上重大项目的,向有关部门申报前也须经市国资委同意立项;对经市国资委审核同意列入预算的投资项目,视为已经立项)。同时,规定市属国有企业申请投资项目立项时应提交产权代表申请报告、项目建议书或可行性研究报告等资料。

表9　编制年度投资计划相关规定

规定	具体内容
《中央企业投资监督管理办法》	第11条　中央企业应当按照企业发展战略和规划编制年度投资计划,并与企业年度财务预算相衔接,年度投资规模应与合理的资产负债水平相适应。企业的投资活动应当纳入年度投资计划,未纳入年度投资计划的投资项目原则上不得投资,确需追加投资项目的应调整年度投资计划。

续表

规定	具体内容
《广东省省属企业投资监督管理办法(试行)》	第5条　省属企业应按照发展战略和规划、主业发展方向编制年度投资计划,与年度财务预算相衔接,纳入全面预算管理。省属企业年度投资活动原则上按年度投资计划执行。年度投资计划的调整按全面预算管理有关规定执行。
《深圳市属国有企业投资管理暂行规定》	第24条　直管企业国有产权代表应当提请企业将年度投资计划纳入全面预算管理。经市国资委审核同意列入预算的投资项目视同立项,对其他项目按规定另行申请立项。

(二)进行可行性研究论证

中央、广东省、深圳市层面均要求国有企业对外投资须进行技术、市场、财务、法律等方面的可行性研究论证(见表10)。其中,广东省层面强调省属国有企业承担省重大工程建设项目等国家或广东省政府确定的省属企业参与的投资项目时,要做好环境影响评价、安全评价等工作。

深圳层面对市属国企的可行性研究论证作了详细的规定,包括以下几个方面。

(1)对于基本建设和技术改造的投资项目,其可行性研究报告应当委托具有相应资质的工程咨询单位、专业中介机构进行,其他项目可由企业自行编制,再由中介机构复核即可。

(2)对于涉及以非货币资产出资或收购资产的投资项目,除经市国资委批准或符合有关规定的,还须经中介机构进行审计和资产评估,资产评估报告应当按照有关规定履行备案或核准程序。

(3)投资项目涉及法律问题的,还应当聘请独立的法律中介机构出具法律意见书。

(4)承担上述投资项目可行性研究报告等前期工作的中介机构应在市国资委核定的中介机构库中遴选,并由直管企业决定;外地投资项目的中介机构选聘须征得市国资委同意;与非国有经济主体合资、合作或交易项目的中介机构由市国资委选聘。

(5)可行性研究报告及相关资产评估报告、法律意见书等应组织专家评审,未通过专家评审或存在重大争议的项目不得进入决策程序。对应当上报市国资委核准或审批的投资项目,专家评审应在市国资委监督下进行。对与非国有经济主体合资、合作或交易的项目,专家评审由市国资委组织进行。

表 10　可行性研究论证相关规定

规定	具体内容
《中央企业投资监督管理办法》	第 15 条　中央企业应当根据企业发展战略和规划,按照国资委确认的各企业主业、非主业投资比例及新兴产业投资方向,选择、确定投资项目,做好项目融资、投资、管理、退出全过程的研究论证。对于新投资项目,应当深入进行技术、市场、财务和法律等方面的可行性研究与论证,其中股权投资项目应开展必要的尽职调查,并按要求履行资产评估或估值程序。
《广东省省属企业投资监督管理办法(试行)》	第 7 条　省属企业应按照发展战略和规划、主业发展方向选择投资项目,深入进行技术、市场、财务、法律等方面的可行性研究,全面评估各类相关风险,做好项目融资、投资、建设、运营、退出全过程的研究论证,严格履行投资决策程序,科学决策。
《深圳市属国有企业投资管理暂行规定》	第 9 条　企业投资决策必须经过全面、充分、严密的前期可行性研究论证工作,按照规范要求编制投资项目可行性研究报告。

(三)履行内部决策程序

中央、广东省、深圳市三个层面均要求国有企业对外投资须履行内部决策程序(见表 11),包括以下几个方面内容。

1. 中央层面对内部决策程序的操作细节作了明确规定,包括:(1)向下授权投资决策的企业管理层级原则上不超过两级;(2)各级投资决策机构作出决策时均应形成决策文件;(3)所有参与决策的人员均应在决策文件上签字背书,其所发表的意见也应记录存档。

2. 广东省层面要求承担省重大工程建设项目的省属企业应制定投资决策程序、确定决策机构及相关职责,省属国有企业决策管理制度经董事会或企业必要决策程序审议通过后报送省国资委。国家和省的相关文件明确规定由省国资委审核批准的国有股东受让上市公司股份行为须经省属企业董事会审议通过。

3. 深圳市层面要求市属国有企业内部的投资决策规程应报市国资委备案，同时对市属国有企业内部决策程序作了以下相关规定。

(1)企业投资决策应对可行性研究论证中存在的不确定性不利因素作否定因素判断，存在重大不确定性因素的项目原则上不得实施。

(2)市国资委可对直管企业董事会投资决策权限进行特殊授权，企业国有产权代表依据相应授权执行。

(3)对于以房地产开发为主业的企业，如拟通过法定公开竞价方式购买房地产开发项目用地的，需在报市国资委知悉前，已经过企业内部决策程序决定参与竞价。

(4)市属国有企业的参股企业进行投资的，对未规范进行可行性研究论证的投资项目，应当在企业决策程序中投反对票。对危及国有股东权益的，应当及时提请上级产权单位采取相应措施。

表 11 履行内部决策程序相关规定

规定	具体内容
《中央企业投资监督管理办法》	第 16 条 中央企业应当明确投资决策机制，对投资决策实行统一管理，向下授权投资决策的企业管理层级原则上不超过两级。各级投资决策机构对投资项目做出决策，应当形成决策文件，所有参与决策的人员均应在决策文件上签字背书，所发表意见应记录存档。
《广东省省属企业投资监督管理办法(试行)》	第 7 条 省属企业应按照发展战略和规划、主业发展方向选择投资项目，深入进行技术、市场、财务、法律等方面的可行性研究，全面评估各类相关风险，做好项目融资、投资、建设、运营、退出全过程的研究论证，严格履行投资决策程序，科学决策。
《深圳市属国有企业投资管理暂行规定》	第 4 条 企业投资决策必须严格遵守国家、本市有关法律、法规、规章和本规定，规范开展投资项目的可行性研究论证工作。直管企业内部应建立科学、民主、规范的投资决策规程，报市国资委备案并严格执行。

(四)向国资委备案/审核/核准

中央、广东省、深圳市三个层面均要求国有企业对外投资须经国资委备案/审核/核准(见表12)。

1. 中央层面,国资委对中央企业对外投资主要有以下两个方面的把控。

(1)国资委根据国家有关规定和监管要求,发布中央企业投资项目负面清单,设定禁止类和特别监管类投资项目,国资委依据中央企业投资项目负面清单等规定对年度投资计划进行备案管理。对于列入负面清单禁止类的投资项目,中央企业一律不得投资;对于列入负面清单特别监管类的投资项目,中央企业应报国资委履行出资人审核把关程序。

(2)国资委债务风险管控"特别监管企业"名单中的中央企业,其年度投资计划须通过国资委的审批。

2. 广东省层面,省国资委需督促省属企业组织实施年度投资计划,对省属企业年度投资计划纳入全面预算实行备案管理,同时要求省属国有企业新设基金须报省国资委审核。

3. 深圳市层面,市国资委对企业投资项目原则上实行核准制和备案制管理,具体主要有以下要求。

(1)企业国有产权代表应当在规范完成投资项目可行性研究论证工作之后,按照规定要求及时上报市国资委核准。以房地产开发为主业的企业通过法定公开竞价方式购买房地产开发项目用地的,需提前上报市国资委。土地竞买成功后,应在项目开发前按规定上报核准。

(2)市属国有企业在规定权限范围内自主决策的投资项目应上报市国资委备案。投资额超过500万元且属于企业在规定权限内自行决策或政府的投资项目,企业国有产权代表应当在决策之日起10个工作日内报市国资委备案。

(3)直管企业及其所属企业在主业范围内进行的投资项目,达到以下4种限额标准的,应经市国资委核准:①地铁、发电厂(站)、港口(码头及陆域工程)、机场(飞行区)、高等级公路建设和经营(不包括相关配套服务)项目,投资额在直管企业净资产50%或10亿元以上(人民币,含本数,下同)的;②房地产开发项目,投资额在直管企业净资产50%以上,或市内5亿元以上、市外3亿元以上的;③城市燃气管网(站)、供排水管网(厂站)、物流园区、农产品批发市场建设和经营项目,投资额在直管企业净资产 10% 或 1 亿元以上的;④投资额在直管企业净资产 10% 或 5000 万元以上的其他投资项目;⑤直管企业及其所属企业在主业范围以外进行的投资项目,以及主业范围内的境外投资项目、与非国有经济主体进行合资、合作或交易的项目、对投资性平台公司或从事配套服务的企业进行股权投资,资产负债率超过 70% 的直管企业进行的投资项目均由市国资委审批。

表 12　国资委备案/审核/核准相关规定

规定	具体内容
《中央企业投资监督管理办法》	第 13 条　国资委依据中央企业投资项目负面清单、企业发展战略和规划,从中央企业投资方向、投资规模、投资结构和投资能力等方面,对中央企业年度投资计划进行备案管理。对存在问题的企业年度投资计划,国资委在收到年度投资计划报告(含调整计划)后的 20 个工作日内,向有关企业反馈书面意见。企业应根据国资委意见对年度投资计划作出修改。 进入国资委债务风险管控"特别监管企业"名单的中央企业,其年度投资计划需经国资委审批后方可实施。
《广东省省属企业投资监督管理办法(试行)》	第 11 条　省国资委从管好国有资本布局、规范国有资本运作、提高国有资本回报、维护国有资本安全四个方面,依据相关规定,对省属国有资本布局和结构调整方向、省属企业战略发展方向、项目实施的必要性、企业风险承受能力、决策过程的合规性及完整性、拟投资项目资金来源的合理性、财务内部收益率等内容进行审核。
《深圳市属国有企业投资管理暂行规定》	第 7 条　市国资委对企业投资项目原则上实行核准制和备案制管理,有效提高投资决策效率。

(五)报送投资情况

中央、广东省和深圳市三个层面均对国有企业对外投资有信息披露的相关要求,主要是针对国有企业在对外投资中的具体进展应当报送投资情况(见表 13)。中央层面,中央企业被要求分别于每年一、二、三季度结束至次月 10 日前,通过中央企业投资管理信息系统向国资委报送季度投资完成情况。

广东省层面,要求省属国企建立定期向省有关部门报送项目进展情况的信息报送机制,定期将投资项目投资实施情况通过省属企业投资项目信息系统报送省国资委。对于省重大工程建设项目和省重点建设项目，其投资实施情况应按月报送，而其他项目则按季报送。

深圳市层面，要求市属国企直管企业的年度审计报告中应对投资项目实施情况进行专项披露和评价。对于投资项目中可能危及国有资产安全的重大情况及其他重大事项，企业国有产权代表应当及时向市国资委报告。

表13　报送投资情况相关规定

规定	具体内容
《中央企业投资监督管理办法》	第19条　中央企业应当按照国资委要求，分别于每年一、二、三季度终了次月10日前将季度投资完成情况通过中央企业投资管理信息系统报送国资委。季度投资完成情况主要包括固定资产投资、股权投资、重大投资项目完成情况，以及需要报告的其他事项等内容。部分重点行业的中央企业应按要求报送季度投资分析情况。
《广东省省属企业投资监督管理办法（试行）》	第19条　省属企业应按照省国资委要求，定期将投资项目投资实施情况通过省属企业投资项目信息系统报送省国资委，并对信息的真实性和完整性负责。省重大工程建设项目和省重点建设项目的投资实施情况按月报送，其他项目按季报送。省国资委每年对省属企业上年度投资项目信息进行汇总分析，必要时对项目实施进度以书面形式进行督办。
《深圳市属国有企业投资管理暂行规定》	第40条　直管企业进行年度审计时，应在审计报告中对投资项目实施情况进行专项披露和评价。在投资项目出现可能危及国有资产安全的重大事项或其他必要情况下，企业国有产权代表应当及时向市国资委报告，市国资委可聘请中介机构对项目进行专项审计。

（六）编制年度投资报告

中央和广东省两个层面均要求国有企业应编制年度投资报告，并详细规定了报送时间（见表14）。中央企业应于下一年1月31日前向国资委报送年度投资完成情况报告，报告内容应包含年度投资完成总体情况、年度投资效果分析、重大投资项目进展情况、年度投资后评价工作开展情况和年度投资存在的主要问题及建议。同时，广东省省属国企应围绕年度投资计划执行情况和主要投资项目情况编制年度投资分析报告，并于下一年度3月31日前报送省国资委。

表14　编制年度投资报告相关规定

规定	具体内容
《中央企业投资监督管理办法》	第20条　中央企业在年度投资完成后，应当编制年度投资完成情况报告，并于下一年1月31日前报送国资委。年度投资完成情况报告包括但不限于以下内容： （一）年度投资完成总体情况； （二）年度投资效果分析； （三）重大投资项目进展情况； （四）年度投资后评价工作开展情况； （五）年度投资存在的主要问题及建议。
《广东省省属企业投资监督管理办法（试行）》	第20条　省属企业应对年度投资计划执行情况和主要投资项目情况进行总结，编制年度投资分析报告，于下一年度3月31日前报送省国资委。

（七）进行项目后评价

中央、广东省和深圳市三个层面均要求国有企业应进行投资项目后评价（见表15）。

1. 中央层面，要求中央企业每年对部分已完成的重大投资项目开展后评价，并形成后评价专项报告。同时要求中央企业应当开展重大投资项目专项审计，审计的重点包括重大投资项目决策、投资方向、资金使用、投资收益、投资风险管理等方面。

2. 广东省层面，要求省属企业每年对部分已完成投资并投入使用或运营（含试运营）达3个完整会计年度的重大投资项目开展后评价，要求形成后评价专项报告并报送省国资委。项目后评价可由省属企业自行实施，也可聘请具有相应资质和能力的中介机构实施，但不得是承担项目可行性研究报告编制、审计、法律咨询、财务咨询等相关工作的机构。

3. 深圳市层面，对于市属国企的项目后评价工作主要作了以下规定。

（1）投资项目实施完成后或其他必要情况下，应按照规定组织对投资项目实施过程、结果和影响进行全面回顾和评价的项目后评价工作。

(2)对完成投资并经过1～2个完整会计年度运营的项目,以及建设工期延长1年以上的在建项目,应当组织后评价工作。对分阶段实施、时间跨度较长的项目,可按阶段进行后评价。

(3)投资项目后评价的主要内容包括:对项目可行性研究论证、决策、实施和运营情况进行全面回顾;对项目财务和经济效益、技术和能力、项目管理等方面进行分析评价;对项目存在的问题提出改进意见和责任追究建议。

(4)对经市国资委核准或审批的投资项目,由市国资委聘请中介机构,在专项审计基础上开展后评价工作。其他项目的后评价工作由直管企业组织进行,结果报市国资委备案,国资委也可根据情况对有关项目直接组织进行后评价。

表15　项目后评价相关规定

规定	具体内容
《中央企业投资监督管理办法》	第21条　中央企业应当每年选择部分已完成的重大投资项目开展后评价,形成后评价专项报告。通过项目后评价,完善企业投资决策机制,提高项目成功率和投资收益,总结投资经验,为后续投资活动提供参考,提高投资管理水平。国资委对中央企业投资项目后评价工作进行监督和指导,选择部分重大投资项目开展后评价,并向企业通报后评价结果,对项目开展的有益经验进行推广。
《广东省省属企业投资监督管理办法(试行)》	第21条　省属企业组织实施本企业的项目后评价。省属企业每年选择部分已完成投资并投入使用或运营(含试运营)三个完整会计年度的重大投资项目开展后评价。通过项目后评价,将投资项目所达到的实际效果与项目可行性研究、决策确定的目标及内容进行对比分析,提出对策建议,为后续投资活动提供参考,提高投资管理水平。后评价专项报告报送省国资委。省国资委对省属企业投资项目后评价工作进行指导。
《深圳市属国有企业投资管理暂行规定》	第42条　在投资项目实施完成后或其他必要情况下,应按照规定组织项目后评价工作,对其实施过程、结果和影响进行全面回顾和评价,发现问题,追究责任。

三　对外投资的配套管理措施要求

国有企业对外投资的配套措施主要包括建立投资全过程风险管理体系、投资变化调整制度和项目负责人制度。通过建立健全国有企业对外投资的相关配套措施，国资监管部门可以有效地管理和监督国有企业对外投资行为，这有利于提高国有企业的投资决策水平，降低投资风险，确保投资项目的顺利进行和成功实施。

（一）建立风险管理体系

中央、广东省层面都明确了国有企业应对投资全过程建立风险管理体系，将投资风险管理作为企业实施全面风险管理、增强廉洁风险防控的重要内容（见表16）。《中央企业全面风险管理指引》要求中央企业应从实际出发，以重大风险和事件的管理和重要流程的内部控制为重点展开风险管理工作，强调国资委对中央企业加强投资风险管理的指导督促作用，以及第三方咨询机构的风险评估作用，要求中央企业股权类重大投资项目在投资决策前须由有资质的独立第三方咨询机构出具投资项目风险评估报告；广东省层面强调投资风险识别预警机制的重要性。深圳市层面有关市属国有企业应建立全面风险管理体系的指导意见未专门要求建立投资全过程风险管理体系，但对外投资监管制度中仍强调了国有企业投资决策应当坚持“审慎”原则，充分预计投资风险。

结合中央、广东省和深圳市三级国资监管部门出台的相关法律法规和国有企业投资实务，投资全过程风险管理主要包括风险评估、风险监控和风险应对。风险评估是基于对影响投资目标实现的内外部不确定因素的识别，分析潜在风险的来源、发生概率、影响后果等相关因素，进而对风险危急程度进行排序和评级；风险监控要求对国有企业对外投资全过程设立监控指标和建立预警机制，预警机制因各个监控指标触发预定阈值而启动，二者相辅相成地监控投资风险；风险处置是指对风险评估或风险监控中发现并需重点管理的风险采取的应对措施，包括指定负责人、设计应对方式、应对结果评估、报告反馈机制等。除此之外，国有企业还需围绕投资目标严控内部程序、优化风险管理组织架构及完善风险管理信息系统等。坚持不断创新和优化对外投资全过程风险管理体系，提供对风险的精准排查和控制应对能力，保障对外投资活动目标的顺利实现。

表 16　建立风险管理体系相关规定

规定	具体内容
《中央企业投资监督管理办法》	第 23 条　中央企业应当建立投资全过程风险管理体系，将投资风险管理作为企业实施全面风险管理、加强廉洁风险防控的重要内容。强化投资前期风险评估和风控方案制订，做好项目实施过程中的风险监控、预警和处置，防范投资后项目运营、整合风险，做好项目退出的时点与方式安排。
《广东省省属企业投资监督管理办法（试行）》	第 25 条　省属企业应建立健全投资全过程风险管理体系，将投资风险作为全面风险管理、加强廉洁风险防控的重要内容。省国资委指导督促省属企业加强投资风险管理。

（二）投资变化调整制度

由于国有企业对外投资的外部环境和项目本身情况并非一成不变，为确保国有企业投资项目的顺利实施，建立应对对外投资项目变化的措施尤为重要。投资变化调整制度有助于国有企业及时调整投资策略，避免因投资项目变化而遭受损失，保护国有资产的安全。中央、广东省和深圳市三个层面均明确了国有企业对外投资的变化调整制度，要求国有企业投资情况发生重大变化时应重新报送国资委（见表 17）。广东省和深圳市层面基于不同的情况，对投资额的重大调整进行了明确的规定，特别指明投资额超过决策确定额度的 10% 以上和超出预算的 20% 以上时应当予以重点关注。

表 17　投资变化调整相关规定

规定	具体内容
《中央企业投资监督管理办法》	第 18 条　中央企业应当定期对实施、运营中的投资项目进行跟踪分析，针对外部环境和项目本身情况变化，及时进行再决策。如出现影响投资目的实现的重大不利变化时，应当研究启动中止、终止或退出机制。中央企业因重大投资项目再决策涉及年度投资计划调整的，应当将调整后的年度投资计划报送国资委。

续表

规定	具体内容
《广东省省属企业投资监督管理办法(试行)》	第16条 投资项目实施过程中出现国家政策调整、投资条件恶化、投资方案发生重大调整、投资额超过决策确定额度10%以上(含10%)、投资合作方严重违约、投资目的无法实现等重大不利变化时,企业应当及时书面报告省国资委,并重新履行投资决策程序,必要时应当启动中止、终止或退出机制。
《深圳市属国有企业投资管理暂行规定》	第41条 投资项目在实施过程中出现重大变化,投资额超出预算20%以上,或比原计划滞后两年以上实施的,必须重新按规定进行核准、审批或备案。

(三)项目负责人制度

为保证投资项目的实施过程得到有效管理,提高项目的成功率,减少因管理不善导致的投资风险,国有企业对外投资中应建立项目负责人制度,明确项目责任人负责项目实施的全过程管理,及时解决项目中出现的问题。广东省和深圳市两个层面均提出了国有企业对外投资的项目负责人制度(见表18)。省属国有企业对外投资项目中的项目负责人须签订项目责任书,并接受考核和奖惩。市属国有企业对外投资项目的项目负责人原则上不允许更换,以确保项目管理的连贯性和稳定性。

表18 明确项目负责人相关规定

规定	具体内容
《广东省省属企业投资监督管理办法(试行)》	第15条 投资项目应明确项目负责人,并签订项目责任书,作为对项目负责人考核和奖惩的依据。
《深圳市属国有企业投资管理暂行规定》	第39条 在投资项目实施过程中,企业应当确定项目责任人,负责项目实施的全过程管理。在项目实施的相关合同履行完毕之前,项目责任人原则上不得更换。

四 国有上市企业对外投资的特殊要求

国有上市企业相较于非国有上市企业有着独特的优势和发展机会，同时也面临着更严格的监管要求。基于此，国有上市企业应当根据其特性而履行特殊规定。结合相关法律法规的规定，国有上市企业对外投资的特别规定主要存在丁信息披露方面，根据对外投资的规模大小区分设置“及时披露”和“提交股东大会审议”两种不同的信息披露要求，并要求在履行信息披露义务时遵守《上市公司信息披露管理办法》(2021 修订)的规定。

(一)及时披露

关于“及时披露”要求，根据《深圳证券交易所股票上市规则》和《上海证券交易所股票上市规则》，深圳市和上海市对国有上市企业对外投资行为设定的应履行披露义务的标准相似(见表 19)。

表 19　信息披露相关规定

规定	具体内容
《深圳证券交易所股票上市规则》	第 6.1.2 条　除本规则第 6.1.9 条、第 6.1.10 条的规定外，上市公司发生的交易达到下列标准之一的，应当及时披露：(一)交易涉及的资产总额占上市公司最近一期经审计总资产的 10% 以上，该交易涉及的资产总额同时存在账面值和评估值的，以较高者为准；(二)交易标的(如股权)涉及的资产净额占上市公司最近一期经审计净资产的 10% 以上，且绝对金额超过 1000 万元，该交易涉及的资产净额同时存在账面值和评估值的，以较高者为准；(三)交易标的(如股权)在最近一个会计年度相关的营业收入占上市公司最近一个会计年度经审计营业收入的 10% 以上，且绝对金额超过 1000 万元；(四)交易标的(如股权)在最近一个会计年度相关的净利润占上市公司最近一个会计年度经审计净利润的 10% 以上，且绝对金额超过 100 万元；(五)交易的成交金额(含承担债务和费用)占上市公司最近一期经审计净资产的 10% 以上，且绝对金额超过 1000 万元；(六)交易产生的利润占上市公司最近一个会计年度经审计净利润的 10% 以上，且绝对金额超过 100 万元。上述指标计算中涉及数据为负值的，取其绝对值计算。

续表

规定	具体内容
《上海证券交易所股票上市规则》	第 6.1.2 条 除本规则第 6.1.9 条、第 6.1.10 条规定以外，上市公司发生的交易达到下列标准之一的，应当及时披露：（一）交易涉及的资产总额（同时存在账面值和评估值的，以高者为准）占上市公司最近一期经审计总资产的 10% 以上；（二）交易标的（如股权）涉及的资产净额（同时存在账面值和评估值的，以高者为准）占上市公司最近一期经审计净资产的 10% 以上，且绝对金额超过 1000 万元；（三）交易的成交金额（包括承担的债务和费用）占上市公司最近一期经审计净资产的 10% 以上，且绝对金额超过 1000 万元；（四）交易产生的利润占上市公司最近一个会计年度经审计净利润的 10% 以上，且绝对金额超过 100 万元；（五）交易标的（如股权）在最近一个会计年度相关的营业收入占上市公司最近一个会计年度经审计营业收入的 10% 以上，且绝对金额超过 1000 万元；（六）交易标的（如股权）在最近一个会计年度相关的净利润占上市公司最近一个会计年度经审计净利润的 10% 以上，且绝对金额超过 100 万元。上述指标涉及的数据如为负值，取其绝对值计算。

（二）提交股东大会审议

根据《深圳证券交易所股票上市规则》和《上海证券交易所股票上市规则》，深圳市和上海市针对国有上市企业对外投资行为设定的“提交股东大会审议”的标准也相似，即当国有上市企业对外投资规模达到一定标准时，在“及时披露”基础上还需履行提交股东大会审议的程序。同时，上海市和深圳市均对此要求设置了豁免规定：当国有上市企业对外投资仅达到下列表格内的第 4 点或第 6 点标准，且最近 1 个会计年度每股收益的绝对值低于 0.05 元的，可以免于提交股东大会审议。

针对达到下表所列规模的对外投资（见表 20），当投资标的为公司股权的，应当披露标的资产经审计的最近一年又一期的财务会计报告。会计师事务所发表的审计意见应当为无保留意见，审计基准日距审议相关交易事项的股东大会召开日不得超过 6 个月；投资标的为公司股权以外的其他资产的，应当披露标的资产由资产评估机构出具的评估报告。评估基准日距审议相关交易事项的股东大会召开日不得超过 1 年。

表 20 股东大会审议相关规定

规定	具体内容
《深圳证券交易所股票上市规则》	第6.1.3条 除本规则第6.1.9条、第6.1.10条的规定外，上市公司发生的交易达到下列标准之一的，应当及时披露并提交股东大会审议：(一)交易涉及的资产总额占上市公司最近一期经审计总资产的50%以上，该交易涉及的资产总额同时存在账面值和评估值的，以较高者为准；(二)交易标的(如股权)涉及的资产净额占上市公司最近一期经审计净资产的50%以上，且绝对金额超过5000万元，该交易涉及的资产净额同时存在账面值和评估值的，以较高者为准；(三)交易标的(如股权)在最近一个会计年度相关的营业收入占上市公司最近一个会计年度经审计营业收入的50%以上，且绝对金额超过5000万元；(四)交易标的(如股权)在最近一个会计年度相关的净利润占上市公司最近一个会计年度经审计净利润的50%以上，且绝对金额超过500万元；(五)交易的成交金额(含承担债务和费用)占上市公司最近一期经审计净资产的50%以上，且绝对金额超过5000万元；(六)交易产生的利润占上市公司最近一个会计年度经审计净利润的50%以上，且绝对金额超过500万元。上述指标计算涉及的数据为负值的，取其绝对值计算。
《上海证券交易所股票上市规则》	第6.1.3条 除本规则第6.1.9条、第6.1.10条规定以外，上市公司发生的交易达到下列标准之一的，上市公司除应当及时披露外，还应当提交股东大会审议：(一)交易涉及的资产总额(同时存在账面值和评估值的，以高者为准)占上市公司最近一期经审计总资产的50%以上；(二)交易标的(如股权)涉及的资产净额(同时存在账面值和评估值的，以高者为准)占上市公司最近一期经审计净资产的50%以上，且绝对金额超过5000万元；(三)交易的成交金额(包括承担的债务和费用)占上市公司最近一期经审计净资产的50%以上，且绝对金额超过5000万元；(四)交易产生的利润占上市公司最近一个会计年度经审计净利润的50%以上，且绝对金额超过500万元；(五)交易标的(如股权)在最近一个会计年度相关的营业收入占上市公司最近一个会计年度经审计营业收入的50%以上，且绝对金额超过5000万元；(六)交易标的(如股权)在最近一个会计年度相关的净利润占上市公司最近一个会计年度经审计净利润的50%以上，且绝对金额超过500万元。上述指标涉及的数据如为负值，取绝对值计算。

第二节 国有企业与民营企业设立合资公司的法律风险防范

自实施国企改革3年行动方案以来,国有企业的市场化程度越来越高,国有企业与民营企业的合作也日渐深入。国有企业和民营企业的协作发展,不仅激发了新的经济动力,也增加了国有资产管理的难度及风险。为防范与民营企业合资合作的投资风险与决策风险,国有企业应加强项目研究论证、协议谈判及内部决策环节的法律风险管理。

现笔者尝试通过梳理合作方尽职调查、合作协议及法律意见书要点建议的方式,揭示国有企业在与民营企业合资合作的项目中应关注的法律风险点及其防范措施,以期为国有企业类似项目提供借鉴和启发。

一 合作方尽职调查

国有企业与民营企业合作的目的在于发挥各自优势,实现互补发展,提升资源配置效率,提高国有企业效益。选择优秀的合作方,是确保合资公司健康、稳定、可持续发展的重要前提,因此,国有企业在与民营企业设立合资公司前,应当对民营企业进行全面、深入地调查和分析,了解民营企业的资信状况、经营状况、财务状况和业务开展情况,发现可能存在的隐患和问题,避免因风险不可控而引发经济损失和法律纠纷。

(一)国资监管部门的相关要求

《国务院关于国有企业发展混合所有制经济的意见》第6条第19项提出:混合所有制改革(包括组建和注册混合所有制企业)方案审批时,应加强对社会资本质量、合作方的诚信与操守、债权债务关系等内容的审核。

《国家发展改革委、财政部、人力资源社会保障部、国资委关于印发〈关于鼓励和规范国有企业投资项目引入非国有资本的指导意见〉的通知》第4条第9项提出：引入非国有资本时，应当对拟引入投资主体的资质、商业信誉、经营情况、财务状况、管理能力、资产规模、社会评价、投资锁定期等进行核实或委托第三方进行评估。引入的非国有资本投资主体应当是具备独立民事能力的法人和其他经济组织，并具有支持项目持续发展的意愿和实力。

另经检索发现，部分省、市的国资监管部门在关于国有企业对外投资的相关文件中也对合作方的尽职调查内容提出了一些要求（见表21）。

表21　部分地方国资监管部门对投资项目尽职调查的要求

规定	具体要求
《北京市市属国有企业混合所有制改革操作指引》	第6条第3项　(1)对投资者进行适格性尽职调查，主要包括投资主体及实际控制人资格资信、关联人识别、财务与法律风险甄别等内容。 (2)投资者以实物、股权、土地使用权等法律法规允许的方式出资参与市属国有企业混合所有制改革时，市管企业应当关注其资产质量，做好与投资者合作相关的风险评估，避免后期出现法律纠纷。
《江苏省政府办公厅关于加强市县国有企业竞争性领域投资监管的指导意见》	第1条第4款　对以资产出资组建、对外并购等方式实施项目投资涉及资产评估的（包括专利权、软件著作权、非专利技术等无形资产评估），要严格按照《企业国有资产评估管理暂行办法》等有关规定，由作为出资主体的国有企业独立委托有资质的专业评估机构实施，资产评估结果按国家及省有关规定严格履行核准或备案程序。 第5款　项目决策和实施过程中，国有股东要组织对合作方背景、实力、资信等进行综合评估，研判合作方投资意愿的真实性和投资能力的可靠性。按照同股同权、风险共担的原则，国有股东应与合作方同步出资，不得超比例、超进度出资，不得为合作方代出资或者为合作方出资提供担保。

续表

规定	具体要求
《泰安市市属企业投资监督管理办法》	第16条第2项　投资项目尽职调查报告应包括以下内容： 1. 背景调查，包括目标企业主体资格及历史沿革、股权结构、组织结构、治理结构、人力资源等； 2. 财务调查，包括财务状况、资产运营、债权债务、或有事项、偿债能力、财务管理能力、财务风险提示及建议； 3. 技术与业务调查，包括主要产品和业务、核心资源、技术、采购、生产、市场与销售、经营能力、经营风险提示及建议； 4. 法律调查，包括经营资质、主要资产、项目建设、债权债务、经济合同、关联交易、税务及财务、劳动关系、环保及安全生产、未决诉讼和仲裁事项、法律风险提示及建议。
《重庆市市属国有企业投资监督管理办法》	企业拟与非国有资本共同出资设立新企业的，原则上应先通过市国资委确定的产权交易机构或具有一定影响力的媒体、互联网等渠道广泛发布信息，公开征集意向合作方。在综合考虑投资主体资质、商业信誉、经营情况、管理能力、资产规模、社会评价等因素的基础上择优选取合作方。
《威海市市管国有企业投资监督管理办法》	第18条　投资项目尽职调查，应当编制尽职调查报告，并制作工作底稿备查。尽职调查报告的主要内容包括： （一）背景调查，包括目标企业主体资格及历史沿革、股权结构、组织结构、治理结构、人力资源等； （二）财务调查，包括财务状况、资产运营、债权债务、或有事项、偿债能力、财务管理能力、财务风险提示及建议； （三）技术与业务调查，包括主要产品和业务、核心资源、技术、采购、生产、市场与销售、经营能力、经营风险提示及建议； （四）法律调查，包括经营资质、主要资产、项目建设、债权债务、经济合同、关联交易、税务及财务、劳动关系、环保及安全生产、未决诉讼和仲裁事项、法律风险提示及建议； （五）关联企业调查，包括目标企业所有全资或控股子企业、分支机构、参股企业的合法设立、经营的有关说明和证明文件。

（二）合作方尽职调查要点建议

不同于股权收购类的投资项目，在与民营企业设立合资公司的项目中，作为尽职调查对象的合作方并非交易标的，因此在实操过程中，合作方考虑到企业商业秘密保护的需要，对其自身信息的披露是谨慎克制的，尽职调查的资料搜集需要合作双方进行充分的沟通，且难以做到如股权收购类投资项目尽职调查一般细致深入、面面俱到。

目前，部分国资监管部门虽然明确了国有企业对外投资项目的尽职调查要求，但各地对尽职调查深度的要求不一。结合近年来的实务经验，笔者认为针对与民营企业设立合资公司的项目，对民营企业进行尽职调查的法律风险评估落脚点应是合作方的投资能力，除常规对合作方主体资格、资信等方面的核查外，应侧重考察合作方 3 个方面的情况：一是出资能力，包括货币和资产出资，确保出资能力充足和拟作价出资的资产权属清晰；二是拟开展业务的运营经验，包括业务开展情况和民营企业运作的规范性，了解其在类似业务中的经验和表现；三是拟投入资源的可落实程度，包括资源权利归属、经营管理体系和经营管理团队资质，确保投入资源权属清晰、管理体系健全、高管适任；另外还需对合资公司拟开展业务的前置审批、资质要求、产业政策要求、经营范围和竞业限制等进行调查，对是否涉及禁止投资项目等触及投资监管红线的事项进行调查。

1. 关于合作方投资能力

（1）出资能力

货币出资：民营企业拟以货币出资时，应调查民营企业实缴出资情况、财务状况、债权债务情况等，确保民营企业有充足的货币出资能力。

资产出资：民营企业拟以非货币资产出资时，应调查该资产的所有权归属、现状、是否可以货币估价并可以依法转让等，确保出资资产权属清晰，不存在权属争议或被采取司法、行政限权措施等风险。

（2）拟开展业务的运营经验

业务开展情况：调查民营企业类似业务的开展情况，如民营企业的业务合同、营业规模、净利润、行业排名、主要竞争对手、知识产权等，了解其在类似业务中的经验和表现。

企业运作的规范性：调查民营企业公司的管理及运作是否符合其公司章程和相关法律法规的规定，是否存在违规行为、失信行为、劳动争议、重大诉讼或行政处罚等。

（3）拟投入资源的可落实程度

资源权利归属：调查民营企业投入的商号、商标、专利等知识产权的所有权或使用权是否清晰，是否存在争议或限制。

经营管理体系：调查民营企业对拟投入资源的经营管理体系是否健全，是否具备管理系统和制度，关于投入资源的授权如何收费等。

经营管理团队资质：了解经营管理团队的背景和经验，管理团队简历和资质，以及是否存在兼职等影响其履行职责的情况，调查民营企业拟设合资公司的高管是否存在不适合担任公司高管的情形，如被采取司法、行政限权措施等。

2. 关于拟开展业务

对合资公司拟开展业务进行的尽职调查主要包括4个方面：资质要求、产业政策要求、经营范围和竞业限制。首先，需审查合资公司设立程序，确认其是否满足资质要求，了解资质审批和更新程序。其次，需确认合资公司业务是否符合国家及地方产业发展方向和法律法规。最后，需调查民营企业和关联方是否从事同业竞争业务，查看竞业限制协议，确保合资公司主营业务的开展不会违反相关规定。

（1）资质要求

在确定合资公司的主营业务方向或计划时，需调查相应资质要求及申请资质所需具备的具体条件。例如，是否需要满足特定条件，如人员、净资产、业绩等。同时，还要了解该等资质是否需要定期更新，以及更新时是否需要重新进行审批程序。

（2）产业政策要求

根据《产业结构调整指导目录（2019年本）》《国家发展改革委关于修改产业结构调整指导目录（2019年本）的决定》等相关政策的要求，确认合资公司拟开展的业务是否符合国家及地方的产业发展方向，是否符合法律法规对环境、卫生、安全等方面的标准。

（3）经营范围

确认合资公司的经营范围是否与国有企业主业方向一致或与主业是否具有

协同效应。如果经营范围与投资主业不相符,可能会导致国有企业面临合资新设方案无法通过国资审批的风险。

(4)竞业限制

调查民营企业及民营企业的关联方是否从事与合资公司同业竞争的业务,查看民营企业及民营企业的关联方是否存在竞业限制协议,并了解其具体内容。确定合资公司的主营业务不会导致同业竞争或违反竞业限制协议,以免对合资公司的经营产生不利影响。

3. 关于是否涉及禁止投资项目

国有企业在设立合资公司时,需要遵循国资监管部门及国有企业制定的投资项目负面清单要求,审查设立合资公司的对外投资行为是否涉及禁止投资项目,如以下几个方面。

(1)是否符合政策导向和资本布局

①审查投资项目是否符合国家、省、市产业政策,如是否符合产业结构调整指导目录等政策文件的要求和投资管理政策的规定,是否完成了论证和决策程序等。

②审查投资项目是否符合国有资本布局,是否符合国有资本结构调整导向。

(2)是否符合国有企业实际情况

①审查投资项目是否符合国有企业集团功能定位,是否符合国有企业主业范围。

②审查投资项目是否与国有企业发展规划相符合,是否有助于国有企业战略目标的实现。

③审查投资项目是否符合国有企业资产规模和经营管理能力,不得投资与其自身能力不相匹配的项目。

(3)是否超过非主业投资比例限制

审查投资项目是否超过国有企业的非主业投资比例限制,是否符合企业年度投资计划和投资管理规定。

(4)是否涉及金融衍生品交易等高风险投资项目

①审查投资项目是否涉及期货、期权等金融衍生品交易类投资项目,是否符

合国有企业衍生品投资管理规定。

②审查投资项目是否涉及以投机为目的的证券二级市场交易等高风险投资项目,是否符合国有企业证券交易管理规定。

(5)是否涉及特殊合作方

审查投资项目合作方是否存在信誉不良、缺乏投资能力、企业资产质量差的情形,是否已对此情形进行了充分的风险评估。

审查投资项目合作方是否属于外资企业,涉及与外资企业合作的项目是否已符合国家外商投资管理规定和产业政策要求。

(6)是否达到收益率标准

审查投资项目预期收益率是否达到国家及地方国资监管部门设定的收益率标准,包括以同行业平均水平及5年期国债利率为审查依据。

二 合作协议要点

合作协议是国有企业和合作方为推动合资公司顺利设立,明确双方在合资公司设立过程中的权利义务而签署的文件。一方面,合作协议是保障各方利益的重要法律文件,只有明确双方的权利、义务和责任,才能保证合资企业的正常运营和各方利益的最大化;另一方面,合作协议也是防范法律风险的重要手段,只有规范合作协议的内容,才能避免因协议漏洞而引发的法律纠纷和风险。

(一)部分地方国资监管部门对合作协议内容的要求(见表22)

表22 合作协议内容要求

规定	具体要求
《关于鼓励和规范国有企业投资项目引入非国有资本的指导意见》	第15条第12项 完善项目公司治理结构。国有企业投资项目引入非国有资本需新建公司作为运营平台的,应建立市场化运营机制和公司治理结构,董事会依法对项目公司的发展目标、重大经营活动、高级经营管理人员聘任、薪酬管理等拥有决策权,并对经营者业绩进行考核评价。推行职业经理人制度。监事会对公司财务和董事、经营者行为进行监督,进一步加强当期和事中监督,切实增强监事会监

续表

规定	具体要求
	督的针对性和有效性。要加强党的建设,明确党组织在公司治理中的法定地位,发挥党组织的政治核心、政治引领作用和共产党员的先锋模范作用。 第14项　依法保障投资方合法权益。国有企业投资项目引入非国有资本时,应在合同中明确约定各类投资主体的退出机制。公益类国有企业和主业处于关系国家安全、国民经济命脉的重要行业和关键领域、主要承担重大专项任务的商业类国有企业投资项目引入非国有资本的,应在项目企业章程或合同中明确非国有股东持股主体发生变化时,国有股东拥有优先受让权。 第4条第10项　强化项目管理。国有企业应建立和完善引入非国有资本项目的投资管理制度。引入非国有资本的投资项目,应符合企业发展战略规划和年度计划安排;应根据相关法律法规和公司章程规定,由股东会、董事会作出决策,并签字存档;应与参与方通过项目企业章程或合同,对可能涉及的经营管理、同业竞争、关联交易、风险管控等问题作出明确约定,明确各方的责权利。建立健全国有企业重大决策失职、渎职责任追究和倒查机制,国有企业投资项目引入非国有资本违反国家相关法律法规、未履行或未正确履行职责,造成企业资产损失的,按照有关规定严肃追究有关机构和相关人员的责任。 第5条第15项　积极探索优先股、特殊管理股等股权模式。为鼓励国有企业投资项目引入非国有资本,允许将部分国有资本转为优先股,不参与项目企业具体决策,但在利润分红和剩余财产分配方面具有优先权,确保国有资本保值增值。探索在新闻出版传媒等少数特定领域建立特殊管理股制度,依照相关法规和公司章程规定,行使特定事项否决权,保障国有资本在特定领域的控制力。
《重庆市市属国有企业投资监督管理办法》	企业拟与非国有资本共同出资设立新企业的,原则上应先通过市国资委确定的产权交易机构或具有一定影响力的媒体、互联网等渠道广泛发布信息,公开征集意向合作方。在综合考虑投资主体资质、商业信誉、经营情况、管理能力、资产规模、社会评价等因素的基础上择优选取合作方,并与合作方通过章程或协议(合同),就法人治理结构、同业竞争、关联交易、风险管控、后续投资的资金安排等做出明确约定,明确各方的责权利。
《四川省属国有企业投资监督管理试行办法》	第21条第2款　企业投资项目引入非国有资本,原则上应通过相关产权交易机构或新闻媒体、互联网等渠道公开征集意向合作方。在综合考虑投资主体资质、商业信誉、经营情况、管理能力、资产规模、社会评价等因素的基础上择优选取合作方,并与合作方通过章程或协议(合同),就法人治理结构、同业竞争、关联交易、风险管控、后续投资的资金(经营)安排等做出明确约定。

续表

规定	具体要求
《攀枝花市属国有企业投资监督管理办法》	第17条第2项　企业投资项目引入非国有资本,原则上应通过相关产权交易机构或新闻媒体、互联网等渠道公开征集意向合作方。在综合考虑投资主体资质、商业信誉、经营情况、管理能力、资产规模、社会评价等因素的基础上择优选取合作方,并与合作方通过章程或协议(合同),就法人治理结构、同业竞争、关联交易、风险管控、后续投资的资金(经营)安排等做出明确约定。
《巴中市属国有企业投资监督管理试行办法》	第21条第2项　企业投资项目引入非国有资本,原则上应通过相关产权交易机构或新闻媒体、互联网等渠道公开征集意向合作方。在综合考虑投资主体资质、商业信誉、经营情况、管理能力、资产规模、社会评价等因素的基础上择优选取合作方,并与合作方通过章程或协议(合同),就法人治理结构、同业竞争、关联交易、风险管控、后续投资的资金(经营)安排等作出明确约定。
《宁波市市属企业投资监督管理办法(修订稿)》	第18条第4款　企业拟与非国有资本共同出资设立新企业的,鼓励通过公开或比选等方式征集意向合作方。在综合考虑投资主体资质、商业信誉、经营情况、管理能力、资产规模、社会评价等因素的基础上择优选取合作方,并与合作方通过章程或协议(合同),就法人治理结构、同业竞争、关联交易、风险管控、后续投资的资金安排等做出明确约定,明确各方的职责权利。

(二)合作协议要点建议

1. 一般条款

(1)落实合资公司成立条件:双方必须就合资公司成立条件达成一致并予以明确,包括成立合资公司的必要手续和要件,如公司名称、地址、法定代表人、经营范围、注册资本、营业期限等事项。同时,应注意成立条件需符合相关法律规定,如公司名称不得与已注册公司重复等。

(2)明确股东持股及出资:应当明确各方股东的出资比例、出资额、出资方式和出资时间。对于以非货币资产出资的,应根据非货币资产权属转移的有关程序及要求明确资产出资的有关安排。同时,应当明确未按约定履行出资义务对应的违约责任和处理方式。

(3)声明和保证条款:合作各方主要应声明和保证合资成立公司相关行为的

合法性，主要包括声明和保证己方为合法设立并有效存续的公司，具有合法的经营资格；声明和保证出资的真实性和合法性，投入的资源权属清晰等。

（4）争议解决条款：在制定争议解决条款时，应当明确约定争议解决的方式和各方式的适用范围，争议解决方式包括协商、调解、仲裁、诉讼等。对于仲裁或诉讼方式，应明确约定具体的仲裁机构或法院，避免因地点或法院的选择不明确而引发不必要的争议。

（5）通知与送达

通知与送达条款可以有效保障合作方的沟通与协作，条款应明确合作协议的具体通知与送达方式，包括书面通知、口头通知、电子邮件等，并约定变更联系方式和送达地址的时间和程序，以及未及时通知对方将面临的后果。同时，为避免争议过程中出现拒收或无法送达的情况，可以约定特定的送达方式，如约定以邮寄或快递发出一定时间后视为送达；或约定如果一方拒收或未在指定时间内接收通知，则视为送达成功。送达条款应确保双方能够及时、有效地接收和发送通知，以避免因送达问题导致产生合作僵局。

2. 股东权利及义务

关于股东权利。对于推选高级管理人员的权利，应注意明确推选程序和资格要求；对于分配利润的权利，应明确利润分配的规则，如按照股东认缴或实缴出资比例等确定利润分配比例，以保障股东的收益权；对于参会表决的权利，应明确股东表决权能、股东会职权及审议事项等；对于监督、建议和质询的权利，应明确监督、建议和质询的程序和方式；对于了解合资公司经营和财务状况的权利，应明确股东了解公司经营和财务状况的途径和要求，以保障股东的知情权。

关于股东义务。对于协助合资公司筹备和设立的义务，应明确股东的协助内容和责任；对于按期足额出资的义务，应明确出资的方式、时间及违约责任，以保障其他股东的权益；对于投入承诺的资源的义务，应明确股东投入资源的类型、数量、时间及违约责任。

3. 后续投资

对于资金需求量较大的业务，注册资本可能难以满足公司的日常经营需求，因此双方应对于后续出资条款进行明确，包括但不限于投资方式、时间节点、金额、投资比例、资金成本等，以及如未能按照协议约定履行后续投资的义务时，投资方应承担的相应违约责任。在违约责任设置方面，可以考虑通过设置违约金、未投资方向另一方借款并承担资金成本、调整双方的股权比例等方式进行安排。

4. 治理结构设置

治理结构设置是指合资公司的股东会、董事会、监事会和经理层的组织架构和职责权限。在国有企业与民营企业设立合资公司合作协议中，合资公司的治理结构设置应遵循以下原则：遵守相关法律法规，特别是《公司法》、“三重一大”制度等规定；充分保护股东的权益，确保股东的参与权、知情权、表决权等基本权利得到保障；有利于公司的长期发展，考虑公司的战略规划、业务模式、风险管理等因素。

在职责权限方面，应结合国有企业对合资公司的持股比例进行设置。如果国有企业是控股公司，则在授权过程中应严格遵循国资监管和国有企业上级管理单位的要求，以及“三重一大”制度对于决策权限的划分。如果国有企业是参股公司，其对于合资公司经营管理参与较控股股东更少，则应侧重于对国企股东在合资公司的重大事项、分红或成本决策等方面设定一票否决权。

5. 业绩考核及对赌

针对由合作方操盘运营的项目，可基于项目可行性论证方案、经营方案、业绩承诺等文件，对合作方派出的经营管理团队进行业绩考核，并根据考核结果进行相应处置。处置方式包括但不限于更换经营管理团队或操盘方股东、调整股权比例、一方股东转让股权并退出合资公司、清算解散合资公司等。

6. 同业竞争及竞业限制

为避免对合资公司的业务开展构成重大不利影响，针对合作方及其关联方与合资公司存在的同业竞争问题，应当对已经存在的同业竞争问题作出相应的安排（包括但不限于市场、业务和产品的划分，业务的剥离重组等）；对于可能存在的同业竞争问题，可要求合作方针对与合资公司竞争的一切业务活动作出相应承诺，以保证其不以任何方式直接或间接地从事或参与。

对于合作方拟派的高级管理人员和业务骨干，可明确设置竞业限制义务，要求其在解除或终止劳动合同后的一定期限内不得从事合资公司同类业务，包括不得到与合资公司生产或者经营同类产品或从事同类业务的有竞争关系的企业中任职，同时也禁止其自行开展与合资公司同类产品或业务的生产或经营活动。

7. 关联交易

合资公司若属于国有控股企业，除遵守《招标投标法》等法律法规关于招标投标的强制性规定外，还应当受到公司或者上级公司采购制度约束。在合资公司难免与合作方或其关联方发生关联交易的情况下，双方应对关联交易的实施设置相应制度和审查要求，也可要求合作方就关联交易真实性、关联交易定价公允性等作出承诺。

8. 违约责任

合作协议中规定违约责任条款可以约束合作各方的行为，增加违约成本，是确保双方履行协议的重要手段。违约责任条款的设置应当覆盖双方的权利义务安排，应全面对未履行义务的行为设定相应的违约责任。同时，由于国有企业与民营企业的特殊性，违约责任条款的设置需要更加细化和具有针对性，特别注意在出资、股东义务、业绩考核、投入资源承诺和同业竞业等方面的违约责任设置。具体包括：对于出资违约，可设置逾期违约金；对于不履行应尽义务违约，可约定守约方有权终止协议，同时设置违约方赔偿全部经济损失；对于同业竞争的违约，可以出资总额为标准设置一定百分比的违约金等。

9. 退出机制

合作协议履行过程中如出现难以继续推进或继续推进对合作各方及合资公司均有重大不利影响时，应按照协议解除条款处理。因此，合作协议中的协议解除条件应结合可能发生的不利情形进行约定，如合资公司无法获得原工商管理部门的批准、合资公司无法继续经营、业绩考核不达标、一方股东严重违约、合资公司出现僵局等。合作协议还应当规定合作协议解除后各方股东权益的处理方式，如股权转让、资产处置、业务安排等。同时，解除协议可能涉及合资公司的解散和清算，因此必须严格遵守相关法律法规的规定。

三　法律意见书要点

法律意见书是指国有企业或民营企业就设立合资公司的合法性、合规性、可行性等方面，委托律师进行法律评估后所出具的一种法律文书。它通常包括对相关法律法规、政策文件的解释和说明，对合资企业设立过程中的合同、协议等法律文件的审查和评价，以及对合资企业设立、运营和管理过程中可能面临的风险和问题进行分析和预警（见表 23）。一方面，法律意见书是确保合资公司合法合规运营的重要保障，只有通过对法律意见书的分析和关注，才能确保合资企业设立和运营过程中的合法性和合规性，避免因违法违规而引发的法律风险和经济损失；另一方面，法律意见书也是提高合资公司管理和运营水平的重要参考，只有通过对法律意见书中的风险和问题进行分析和关注，才能及时发现和解决可能存在的隐患和问题，降低决策风险。

表 23　法律意见书要求

规定	具体要求
《泰安市市属企业投资监督管理办法》	第 16 条第 3 项　投资项目法律审核，应由企业法律事务机构或委托法律中介机构进行实质性审查，出具法律审核意见。其中，与非国有资本、非市属国有资本开展合资合作以及投资项目位于市外境内的，应委托法律中介机构出具法律意见书。 法律意见书应包括但不限于对下列事项进行说明并提出结论性意见： 1. 投资主体、合作方的资格以及决策程序； 2. 投资规模与内容、资金来源与构成、股权结构等； 3. 投资合作方历史沿革、股东构成情况、资产情况、资质背景、财务状况、知识产权、重大涉诉仲裁事项等； 4. 投资涉及的协议、合同、企业章程等； 5. 投资方案实施的法律风险与防范措施； 6. 需要说明的其他事项。

续表

规定	具体要求
《威海市关于市属国有企业实施法律意见书制度的意见》	向市国资委报送重大投融资项目附带的法律意见书，应当对以下事项进行合法性、有效性、真实性、严密性调查论证： (1)投融资项目是否符合企业投融资决策程序和管理制度； (2)项目投融资规模、资金来源与构成、股权结构变化等是否符合国家有关法律法规及产业政策； (3)项目合作方的资产情况、资质背景、财务状况、知识产权、重大诉讼仲裁事项等； (4)有关合同协议、公司章程； (5)境外项目所在地与投融资有关的法律问题。
《安徽省省属企业实施法律意见书制度的若干规定》	附件第4条　报送重大投融资项目附带的法律意见书，应当对以下事项进行审核论证： 1. 投融资项目是否符合企业投融资决策程序和管理制度； 2. 项目投融资规模、资金来源与构成、股权结构变化等是否符合国家有关法律法规及产业政策； 3. 项目合作方的资产情况、资质背景、财务状况、知识产权、重大事项等； 4. 有关合同协议、公司章程； 5. 省外、境外项目所在地与投融资有关的法律问题。
《广东省国资委关于实施法律意见书制度的指导意见》	附件第4条　重大投融资法律意见书应当重点论证的事项： (1)投融资项目是否符合企业投融资决策程序和管理制度； (2)项目投融资规模、资金来源与构成等是否符合国家有关法律法规及产业政策； (3)项目合作方的股权结构、资产状况、资质背景、财务状况、知识产权、重大诉讼仲裁事项及或有风险等； (4)有关合同协议、公司章程； (5)省外、境外项目所在地与投融资有关的法律问题。

(一)一般合规评价

1. 投资主体方面：评价国有企业和民营企业的主体资格和资质背景，评价合作方的资产情况、资质背景、财务状况、知识产权、重大涉诉和仲裁事项等，以及合作方的经营状况和市场竞争力是否与合资公司的经营需求相匹配。

2. 投资规模与内容、资金来源与构成、股权结构：评价投资规模是否符合相关法律法规和政策要求，资金来源是否合法、合理，以及是否已经履行了必要的审批程序,股权结构是否合法合理。

3. 投资涉及的协议、合同、企业章程:评价投资协议、合同、企业章程等文件的合法性、合规性、合理性和可执行性,确认协议、合同、企业章程中的权利和义务是否平等、合理,以及是否有利于保护合资各方的权益。

(二)审查尽职调查已有问题处理情况

法律意见书对于在尽职调查中发现的问题和风险,相关主体是否已经落实了相应的风控措施,需要进行审查和确认。对于已发现的问题和风险可能存在多种处理结果,包括问题已解决、问题未解决但风险得到控制、问题已转移、问题被忽略等。因此,法律意见书需要对于问题和风险的处理结果进行评估,确认其合法性、合理性、有效性和完整性,以确保问题和风险得到全面、系统、科学地解决和控制,以保障国有资产的保值增值、投资目的的实现、合资公司的正常运营和合资公司的财务安全。

(三)对项目决策程序的审查

在决策过程中,需关注投资决策程序和风险控制要求,以确保国有资产的保值增值和企业的长期稳健发展。法律意见书应审查国有企业内部是否已按照规定的程序和要求进行了决策,以确保决策的合法性和合规性。同时,国有企业设立合资公司需要遵守公司章程和国家法律法规的规定,履行相关的国资监管要求和报批手续。

1. 国有企业内部就设立合资公司需履行的投资决策程序

国有企业内部设立合资公司需要遵循一定的投资决策程序,这是确保公司投资行为合规性和风险控制的有效手段。具体而言,在决策过程中需关注以下几点。

首先,判断截至法律意见书出具之日,国有企业公司章程是否违反《公司法》效力性强制性规定,如不违反,则依据公司章程的规定,由行使决定公司的经营计划和投资方案职权的管理层会议作出决策,通常是董事会。其次,国有企业再依据公司章程的规定履行投资决策程序。法律意见书应审查国有企业内部是否已按照公司章程指定的方式进行了决策,如没有则应进行提示。

2. 国有企业设立合资公司涉及的国资监管要求

国有企业设立合资公司涉及的国资监管要求包括国有企业设立子公司的国资监管要求和国有企业对外投资的国资监管要求。

(1) 审查国有企业设立子公司是否遵循国有资产监督管理办法的规定

国有企业设立子公司的国资监管要求包括由直管企业自行决定或审批、报国资监管部门决定或核准等要求。在国有资产监督管理办法中,针对不同层级的国有企业有不同的监管要求。因此,在决策前需首先判断拟新设子公司的国有企业属于哪一层级,再按照国有资产监督管理办法的规定履行设立子公司的报批要求。

(2) 审查国有企业对外投资是否遵循投资管理实施细则的规定

首先,国有企业应按照投资管理实施细则的规定,对国有企业对外投资进行负面清单制度核查。在审查国有企业新设合资公司的对外投资行为时,需审查其是否属于国有企业投资负面清单中禁止类的项目,包括不符合国家、省、市政策导向,合规性不符合相关要求,不符合企业发展战略、功能定位,预期收益率过低,超过非主业投资限定比例或隐含风险过高的投资项目。如为禁止类投资项目则不允许开展该对外投资项目。

其次,需审查该对外投资是否属于国有企业投资负面清单规定的特别监管类的投资项目。经审查属于特别监管类的投资项目的,则应提示国有企业按照投资管理实施细则的规定履行特定的报批手续。

第三节　国有企业收购民营企业房地产项目的法律风险防范

在城市化和产业化进程快速推进的过程中,土地资源日渐紧缺,通过划拨、出让等方式获取土地已不再是国有企业获取房地产项目最主要的方式。同时,受经济形势影响，土地低效利用、土地闲置以及项目因资金缺乏暂停施工等问题不断显现，大批房地产项目亟须新的资金注入，国家在采取一系列积极措施的同时，也鼓励作为国有经济中坚力量的国有企业发挥国企担当，盘活部分房地产项目。以下将主要对国有企业收购民营企业房地产项目的模式、法律风险防范要点，以及国有企业收购民营企业房地产项目时国有企业履行的投资决策程序进行分析讨论。

一 房地产收购模式

在实操过程中，国有企业的房地产收购模式主要有资产收购和股权收购两种模式。资产收购是指国有企业直接以资产收购的方式将项目公司名下资产直接变更至其名下；股权收购是指通过收购项目公司全部或部分股权的方式使得国有企业通过持有项目公司股权而间接持有该房地产项目。两种模式各有利弊，具体分析如下。

（一）资产收购模式的利弊

若选择资产收购模式，国有企业除承继资产本身附随的权利义务（如土地出让合同中约定土地受让方的相关权利义务，建设工程价款优先受偿权，房地产抵押权，已售房屋买卖合同中交付、房屋质量、办证等权利义务关系）外，无须承担项目公司所附带的其他风险。尽管如此，该模式的缺点也显而易见：(1)转让手续烦琐。收购方需要向规划、建设、国土等有关部门履行的相关手续并不比新建项目少。(2)转让受限。如已出让用地原则上应完成开发投资总额的25%以上方可进行转让。(3)税费较重。根据相关规定，不动产销售需要计征土地增值税，大部分收购项目土地升值非常高，一般需要缴纳高额的土地增值税。

（二）股权收购模式的利弊

通过收购项目公司股权的方式收购房地产项目时，不可避免地需要承担项目公司本身可能带来的风险（如项目公司的债务披露不实或遗漏所带来的风险、项目公司股东出资不实风险等)。该收购模式的优点相较于资产收购而言也较为明确:(1)转让不受限。股权收购模式下土地使用权属并未发生变更,不属于“以其他合法方式”转让房地产的行为,原则上没有转让限制要求。(2)转让手续简单。股权收购模式下无须办理项目报建更名等相关手续。(3)不需要缴纳高额的土地增值税。基于股权收购模式的上述优势,一般情况下,股权收购模式是国有企业首选的房地产项目收购模式。

二 房地产收购的法律风险核查要点

资产收购和股权收购两种房地产收购模式各有优、缺点,由此决定了各交易模式下的法律风险点以及需要关注的问题亦有所区别。笔者将从交易风险控制的角度分别介绍两种收购模式法律风险核查要点。

(一)股权收购模式的法律风险核查要点

通过股权收购方式获取房地产项目是目前房地产收购的主流模式。在该模式下,收购方一方面需要关注项目公司的收购风险,另一方面还需关注拟收购项目标的本身的风险。针对该两项需要重点核查的内容,收购方应核查的具体要点如下。

1. 关于项目公司的法律风险核查要点

(1)项目公司股权情况

股权收购模式下,项目公司股权是交易双方的直接交易对象,若项目公司股权存在瑕疵,将会给项目收购带来巨大风险。因此,在推进股权收购过程中需要对项目公司股权的以下情况进行重点核查。

①股权的实缴情况:《最高人民法院关于适用〈中华人民共和国公司法〉若干问题的规定(三)》第18条第1款规定:“有限责任公司的股东未履行或者未全面履行出资义务即转让股权,受让人对此知道或者应当知道,公司请求该股东履行出资义务、受让人对此承担连带责任的,人民法院应予支持;公司债权人依照本规

定第十三条第二款向该股东提起诉讼,同时请求前述受让人对此承担连带责任的,人民法院应予支持。”由此可见,若股权转让方未履行或者未全面履行出资义务的,受让方要对原股东出资瑕疵向公司债权人承担连带责任。因此,国有企业进行房地产项目收购尽职调查时,核查确认目标股权的原股东是否已经实际出资至关重要。若存在目标股权未实缴出资的情况,收购方可在交易文件中约定限期缴足后再进行股权转让,或约定由收购方承担出资义务并明确股权的对价由两部分组成,一部分为支付给原股东的股权款,另一部分为代原股东缴纳的出资款。

②股权限制情况:《民法典》第443条规定,“以基金份额、股权出质的,质权自办理出质登记时设立。基金份额、股权出质后,不得转让,但是出质人与质权人协商同意的除外。出质人转让基金份额、股权所得的价款,应当向质权人提前清偿债务或者提存”。《最高人民法院关于人民法院执行工作若干问题的规定(试行)》(2020修正)第38条规定,“对被执行人在有限责任公司、其他法人企业中的投资权益或股权,人民法院可以采取冻结措施。冻结投资权益或股权的,应当通知有关企业不得办理被冻结投资权益或股权的转移手续,不得向被执行人支付股息或红利。被冻结的投资权益或股权,被执行人不得自行转让”。若目标股权存在前述权利限制情况时,则存在股权无法交割的风险。因此,在尽职调查过程中,应对股权是否存在权利限制以及股权权利限制所涉及的基础关系(如股权质押的主债权、质押时间,冻结的案件情况等)进行核查。若发现目标股权存在权利限制,应当在交易方案中考虑权利限制解除的措施以及风险控制,如限时要求被收购方解除权利限制情况并约定相应的违约责任,同时,将该权利限制解除作为股权转让款支付的前提条件。

(2)股东优先购买权情况

在项目公司存在多个股东的情况下,若收购方仅收购项目公司部分股权时,则需要考虑项目公司的其他股东是否行使优先购买权。因此,为核查确认其他股东是否放弃优先购买权,需要被收购方提供其他股东一致同意股权转让的股东会决议,以及其他股东同意转让并放弃优先购买权的书面文件,作为收购方支付股权转让款的前提条件。同时收购方应在交易文件中明确前述文件出具的时间、相应的违约责任，以及明确在其他股东不愿意放弃优先购买权的情况下的处置及退出方案。

（3）项目公司的治理结构

项目公司的治理结构主要包括股东会、董事会（或执行董事）、监事会（或监事）、总经理及财务负责人。除收购方收购项目公司全部股权的情况外，被收购方也存在仅转让项目公司部分股权与收购方共同开发目标项目的情况，在此情况下，项目公司治理结构将成为影响收购方股权收购后是否能够顺利推进目标项目的重要因素。收购方应以项目推进过程中的各项事宜均经过收购方表决通过的原则进行治理结构谈判，同时确保其所委派的人员担任财务负责人或财务人员，以确保项目后续获得的收益在其可控制的范围内，并将该内容均明确在交易文件中作为后续章程修改的基础。

（4）项目公司是否存在债务（或有债务）

股权收购过程中，项目公司的对外债务（或有债务）一直是股权收购过程中最大的风险，该类风险主要是由于被收购方故意隐瞒或未及时对外披露，而在股权转让款交付完成、债务显现后，收购方只能起诉要求被收购方承担未披露的债务及/或承担违约责任，但收购方将承担一定的时间和资金成本。因此，针对项目公司可能存在的潜在债务情况，收购方应当在进行法律尽职调查的同时，聘请第三方财务中介机构对目标公司财务账册、重大合同进行详细的审阅，确认债务情况；在交易文件中明确相关债务的承担方，同时要求被收购方对项目公司存在未披露的债务或其他或有负债兜底，这些债务最终由被收购方实际承担。同时可设置以下相关配套条款：①从审计报告的基准日起至项目公司及项目交割给收购方之日止的这一期间，项目公司未经收购方同意的债务变化，由转让方实际承担；②出现或有负债或未披露负债的，股权交易对价相应调整；③出现或有负债、未披露负债的，受让方有权暂停支付所有应付款项直至转让方消除该等负债，或受让方可选择消除该等负债，并在受让方或目标公司应付未付转让方的款项中予以扣除，同时约定转让方应承担负债披露不实的违约责任。

(5)项目公司是否存在未决诉讼或仲裁

诉讼/仲裁事项将影响项目公司的债务情况,股权、资产稳定性等问题,因此,为确保项目的顺利进行,在尽职调查过程中,需要对以下事项进行关注:①需要关注已结案的诉讼、仲裁案件或处罚,如被收购方作为被告需要履行判决义务的,应当关注相关判决义务是否已经履行完毕,未履行完毕的,应当要求被收购方限期履行完毕;②需要关注正在进行中的诉讼/仲裁,通过查阅起诉状/答辩状、庭审笔录等情况,综合判断案件风险,如被收购方为被告的,收购方可预留与诉讼标的等额的交易对价,并在案件判决后按照多退少补的原则进行处理;③需要关注潜在诉讼、仲裁案件,可通过前期的往来函件(特别是律师函)对诉讼、仲裁案件的发生及风险作出初步判断。与此同时,建议在交易文件中,由被收购方承诺其已完全披露了项目公司的诉讼/仲裁(或潜在诉讼/仲裁)事项,若因股权交割前的已签署合同、已开展事项等引起股权交割后的诉讼、处罚事项,或被收购方未披露项目公司存在的诉讼/仲裁事项,被收购方应补足相关款项并承担相应的违约责任。

2. 关于项目不动产的法律风险核查要点

根据土地开发进度的不同,房地产收购项目也可进一步分类为净地收购项目、在建工程收购项目、已建成物业收购项目等,根据不同的项目类型,在并购时重点关注的内容虽具有一定的共性,但也因项目的不同各有侧重。基于此,以下将具体介绍房地产收购项目中不动产部分的法律风险核查要点。

(1)项目土地法律风险核查要点

①土地取得情况

对于项目土地取得方式的核查,是判断土地相关手续合规性、确认项目核查要点以及判断投资风险的首要步骤。就土地取得方式而言,大多数项目土地是通过招拍挂出让方式取得,除此之外,划拨、协议出让方式也是项目土地取得的重要路径。项目土地通过招拍挂出让方式取得的,如出让地块为征收地,应重点关注征地报批和农用地转用审批是否合法及完善,未经依法审批征收或未完成征收即对外招拍挂出让的,出让行为将被认定为违法或无效,该土地可能会被收回。

项目土地通过划拨取得的,一般分原始划拨取得和经资产划拨或转让后取得两种方式。对于原始划拨取得的用地,在尽可能收集关于该划拨用地地块涉及的土地预审意见、选址意见书、主管部门批复、建设用地规划许可证等文件的同时,应就该地块的土地划拨事项走访相关主管部门,争取获得主管部门关于该划拨土地取得程序合规性的确认意见。对于经资产划拨或转让后取得的土地,应重点审查划拨土地使用权取得的相关批复文件资料是否完整,关注该等处置行为是否经相关自然资源主管部门等有权机关的批复同意。若未经相关自然资源主管部门等有权机关批复同意的,建议就该等行为立即向相关自然资源主管部门等有权机关申请批复同意。

还有一类特殊的用地是通过城市更新协议出让方式取得。与招拍挂出让方式不同,城市更新协议出让取得的土地一般需要捆绑拆迁安置补偿责任、公共配套移交责任、保障性住房建设责任等。因此,对于该类项目用地应重点关注项目的搬迁安置补偿标准及履行情况、项目实施主体所需承担的其他责任义务情况,同时,结合项目用地出让捆绑的相应责任,在进行经济测算的情况下应进一步判断收购的可行性问题。

②土地权利限制情况

对于项目土地权属情况的核查,除依据被收购方所提供的房地产证或不动产权证核实证载权利人外,还需进一步通过主管部门出具的不动产信息查询单核实确认项目土地的现状权属情况及权利限制情况。基于房地一体原则,项目地上建筑物的权属及权利限制情况与项目土地保持一致。若项目土地存在查封情况,需进一步核实查封所涉及的案件诉讼标的、具体案情、查封解除的可行性以避免项目土地后续被拍卖导致的项目投资风险;若项目土地存在抵押情况,则需进一步核实该抵押所涉及的主债权金额、担保期限、借款合同履行情况以及抵押合同中关于抵押人股权转让的相关限制条款,并与抵押权人沟通确认解决方式。

在按照前述核查要点对项目土地限制情况进行核查的情况下,若项目土地存在抵押、查封等权利限制情况,建议与被收购方沟通限制情况解除的可行性及路径问题,并将被收购方可采取的解决路径作为交易的先决条件或作为相关款项的支付前提条件,要求被收购方限期完成,并约定相应的退出条款。

③土地出让金及相关税费的缴纳情况

项目土地使用权取得的相关费用中,最主要的便是土地出让金及相关税费,其缴纳问题关系到土地使用权取得的合法性以及项目土地成本核算问题,是收购方需重点核查的内容,收购方可要求被收购方提供土地使用权出让合同以及对应的缴费票据、完税凭证等资料以判断项目公司是否已按照土地使用权出让合同的约定足额缴纳了相关费用,以及是否存在逾期缴纳的情况。若项目土地使用权的出让金及税费未缴纳,除无法办理土地使用权证影响开发进度外,对于存在逾期缴纳的情况主管部门还可要求项目公司支付逾期违约金,甚至可按照合同约定解除土地使用权出让合同。

因此,建议收购方在交易文件中要求被收购方承诺,项目公司不存在未缴或逾期缴纳土地使用权出让金及相关税费的情况,并约定若事实情况与被收购方承诺不一致时的违约责任;但若项目公司确实存在未缴或逾期缴纳的情况,双方也可在交易文件中约定由收购方代为缴纳出让金及相关税费或逾期违约金并从收购价款中进行相应扣除。

④土地闲置情况

《闲置土地处置办法》(2012 修订)第 2 条规定,"本办法所称闲置土地,是指国有建设用地使用权人超过国有建设用地使用权有偿使用合同或者划拨决定书约定、规定的动工开发日期满一年未动工开发的国有建设用地。已动工开发但开发建设用地面积占应动工开发建设用地总面积不足三分之一或者已投资额占总投资额不足百分之二十五,中止开发建设满一年的国有建设用地,也可以认定为闲置土地"。除以上规定外,部分地方还结合当地实际进一步明确了闲置土地的处理方式。一旦被认定为闲置土地,除非项目土地具有《闲置土地处置办法》第 8 条规定的相关豁免情形(主要系政府行为、自然灾害等不可抗力造成动工迟延),项目公司将面临以下法律风险:(1)未动工开发满一年的,按照土地出让金的 20% 征缴土地闲置费,且土地闲置费不得列入生产成本;(2)未动工开发满两年的,无偿收回土地使用权。

因此,在开展收购尽职调查时,需要关注土地使用权出让合同中约定的开竣工时间、在建工程的建设进度及其他情况，判断土地是否存在闲置风险。若存在闲置风险，项目公司可能被主张的违约金及土地闲置费应当在交易文件中明确由受让方承担；存在土地使用权被收回风险的，建议在交易文件中也明确相应的违约责任及退出条件，与此同时，建议将被收购方促成项目公司取得延期开竣工的批复作为付款的前提条件。

（2）项目在建工程法律风险核查要点

①项目在建工程的报批报建情况

除对项目土地进行核查外，房地产项目开发建设过程中需要办理一系列手续，若未取得建设用地规划许可证、建设工程规划许可证、建设工程施工许可证可能产生的法律风险具体如下。（1）未取得建设用地规划许可证：《城乡规划法》第38条、第39条明确，建设单位签订出让合同后便应申领建设用地规划许可证，没有建设用地规划许可证，建设单位占用土地的，应及时退回。（2）未取得建设工程规划许可证：《城乡规划法》第64条规定，未取得建设工程规划许可证或者未按照建设工程规划许可证的规定进行建设的将面临一系列处罚；与此同时，《最高人民法院关于审理建设工程施工合同纠纷案件适用法律问题的解释（一）》第3条明确，诉前无法取得建设工程规划许可证等规划审批手续的，建设工程施工合同无效。（3）未取得建设工程施工许可证：根据《建筑工程施工许可管理办法》（2021修改）第2条、第12条及第15条的相关规定，除工程投资额在30万元以下或建筑面积在300平方米以下的建筑工程，其他建筑工程在开工前应申请施工许可证。未取得施工许可证擅自施工的，项目公司将面临相应的行政处罚。

综上，若项目公司未就目标项目取得建设用地规划许可证、建设工程规划许可证、建设工程施工许可证中任意一项，都将会对后续开发建设进度或销售交付产生重大影响，需要注意的是前述证照虽有先后顺序，但因各地操作规范不一，并不能推断取得了后一证照即已取得了前面的证照。因此，除在尽职调查阶段进行核查外，建议收购方在与被收购方的交易文件中将前述证照原件的交付作为付款前提条件之一。

②项目在建工程合同履行情况

若项目尚未完成竣工验收，对于项目公司已签署的建设工程施工合同及相关合同履行情况需要进行重点核查，进而判断在建工程完成竣工验收前是否存在阻碍项目施工进度的风险（主要包括建设工程施工合同无效、总包单位非法转包、工程价款争议），具体风险情况及处置方案如下：

建设工程合同无效风险：项目实施过程中存在另行签订的施工合同改变中标合同价款、工期等实质性条款的，需以中标合同确定权利义务，以及招投标程序不合法导致施工合同无效的情形；基于此，招投标资料、招标程序、实际履行合同是否与中标合同实质性条款一致等问题是收购方在尽职调查过程中的核查重点，建议收购方在交易文件中明确存在前述问题时的处置方案。

总包单位非法转包风险：项目公司在与总包方签署施工合同后，若总包方非法转包后又未向实际施工单位支付工程款，则存在实际施工单位向项目公司主张工程款的涉诉风险，建议被收购方在交易文件中就其未进行非法转包进行兜底承诺，同时明确若存在非法转包发生实际施工人主张工程款的情况，项目公司在支付后可向被收购方追偿并由后者承担相应的违约责任。

工程价款争议风险：在收购前总包方向项目公司提出部分变更签证的情形，若在收购前未达成一致，在收购完成后可能存在总包方向项目公司主张支付超额工程价款及要求索赔的可能性；对于该情况，需要以交割日为时点要求被收购方完全披露，若存在该情形，建议要求被收购方在交易文件中以该事项的解决作为付款前提条件并以此为由调整收购价款；与此同时，需由被收购方对不存在或不存在其他该等情形进行兜底承诺并约定相应的违约责任。

③项目在建工程规划及质量情况

规划条件及工程质量的核查重点在于确认项目实际建设的规划标准与主管部门批复的有效规划条件是否一致，项目的质量是否符合相关质量标准，该情况将影响项目的竣工验收及后续的办证事宜。因此，收购方在交割前需对前述情况进行核查，并在交易文件中要求被收购方就项目实际建设的规划标准与批复的有效规划条件的一致性，以及工程质量进行保证承诺，并将完成办证作为付款条件之一，同时明确若因规划、质量问题无法办证情况下收购方的退出机制。

(3)项目预售情况法律风险核查要点

商品房预售许可证是商品房预售的必备文件，根据《城市商品房预售管理办法》(2004 修正)及《城市房地产开发经营管理条例》的相关规定，在项目进入预售阶段后，未取得商品房预售许可证擅自预售商品房的，主管部门可进行行政处罚，购房合同也会被认定为无效。因此，若项目已进入预售阶段，收购方需要对项目是否已取得商品房预售许可证，以及项目预售许可备案的商品房屋可售总套数与转让方提供的可售货量是否一致进行核查。若在项目进入预售阶段但项目尚未取得商品房预售许可证的，需在交易文件中明确被收购方负责完成办证的时间及相应违约责任，并将此作为付款条件之一；项目预售许可备案的商品房屋可售总套数与转让方提供的可售货量不一致时，需要进一步厘清不一致的具体原因并相应调整收购价款。

(二)资产收购模式的法律风险核查要点

相较于通过股权收购持有项目公司资产，资产收购模式直接以拟收购的不动产作为交易对象(如净地、在建工程、现房)，因此，在根据不动产现状情况按照前述“项目土地法律风险核查要点”“项目在建工程法律风险核查要点”“项目预售情况法律风险核查要点”所述的核查要点进行核查并采取相应处置方案外，还应当注意以下要点。

1. 资产收购的前置要件

现有法律法规对于以出让方式取得的土地使用权，以及以划拨方式取得的土地使用权的转让均有一定的前置条件限制，具体如下：(1)对于以出让方式取得的土地使用权及地上不动产，《城市房地产管理法》(2019 修正)第 39 条[1]明确

[1] 《城市房地产管理法》(2019 修正)第 39 条规定：“以出让方式取得土地使用权的，转让房地产时，应当符合下列条件：(一)按照出让合同约定已经支付全部土地使用权出让金，并取得土地使用权证书；(二)按照出让合同约定进行投资开发，属于房屋建设工程的，完成开发投资总额的百分之二十五以上，属于成片开发土地的，形成工业用地或者其他建设用地条件。转让房地产时房屋已经建成的，还应当持有房屋所有权证书。”

规定,转让房地产时,原则上应当满足完成开发投资总额的25%以上,或形成工业用地或者其他建设用地条件;(2)对于通过划拨方式取得的土地使用权,根据《城市房地产管理法》(2019修正)第40条第1款[1]、《城镇国有土地使用权出让和转让暂行条例》(2020修订)第45条[2]规定,如需转让时,报有批准权的人民政府审批,并依照国家有关规定缴纳土地使用权出让金。此外,还需符合以下条件:(1)土地使用者为公司、企业、其他经济组织和个人;(2)有国有土地使用证;(3)具有地上建筑物、其他附着物合法的产权证明;(4)签订土地使用权出让合同,向当地市、县人民政府补交土地使用权出让金或者以转让、出租、抵押所获收益抵交土地使用权出让金。基于此,收购方在资产收购前应对项目是否已满足前述收购前置条件进行核查,若项目尚未满足前述条件,建议收购方在交易文件中将该条件作为合同生效的条件或者作为支付第一笔款项的前提条件。

2. 项目转让手续

在满足项目转让的前置程序条件后,还需要协调规划、建设、国土等相关主管部门办理项目转让申请,并重新办理选址、建设用地许可、建设工程规划许可、土地使用权转让、建设工程施工许可、商品房预售许可等文件,前述文件均需要被收购方协调配合,建议将被收购方协调配合前述程序的时间予以明确,并约定相应的违约责任,同时,将转让手续的完成作为款项支付的前提条件。

---

[1] 《城市房地产管理法》(2019修正)第40条第1款规定:"以划拨方式取得土地使用权的,转让房地产时,应当按照国务院规定,报有批准权的人民政府审批。有批准权的人民政府准予转让的,应当由受让方办理土地使用权出让手续,并依照国家有关规定缴纳土地使用权出让金。"

[2] 《城镇国有土地使用权出让和转让暂行条例》(2020修订)第45条规定:"符合下列条件的,经市、县人民政府土地管理部门和房产管理部门批准,其划拨土地使用权和地上建筑物、其他附着物所有权可以转让、出租、抵押:(一)土地使用者为公司、企业、其他经济组织和个人;(二)领有国有土地使用证;(三)具有地上建筑物、其他附着物合法的产权证明;(四)依照本条例第二章的规定签订土地使用权出让合同,向当地市、县人民政府补交土地使用权出让金或者以转让、出租、抵押所获收益抵交土地使用权出让金。转让、出租、抵押前款划拨土地使用权的,分别依照本条例第三章、第四章和第五章的规定办理。"

三 国有企业收购民营企业房地产项目的投资决策程序要点

国有企业收购民营企业房地产项目系国有企业对外投资行为，收购程序应当符合国有企业对外投资相关法律法规规定。截至目前，我国尚未出台国有企业对外投资管理的统一规定，一般由各级国资委根据实际情况进行管理。结合《企业国有资产法》、《国有企业境外投资财务管理办法》、《国务院办公厅关于建立国有企业违规经营投资责任追究制度的意见》以及各省、市出台的国有企业对外投资相关规定，笔者对于国有企业需要重点关注的投资决策程序总结如下。

（一）项目需纳入国企年度投资计划

为了加强投资管理，国有企业原则上应建立年度投资计划并报国资监管机构备案，未纳入年度投资计划的投资项目原则上不得投资。若国有企业拟投资的房地产项目不在年度投资计划内，国有企业需要向国资委单项报批或调整年度投资计划报国资监管机构备案管理后，方可开展后续的投资程序。

（二）项目的研究论证

国有企业的投资决策必须经过全面、充分、严密的前期可行性研究论证工作，可行性研究报告是投资项目决策最基本和最主要的依据。在此基础上，房地产项目不仅涉及法律问题，也涉及财务问题，原则上应当聘请专业的法律、财务等第三方中介机构出具相关法律、财务尽职调查意见书。此外，对于重大投资项目或非主业投资项目部分地区还要求履行专家评审程序，对于未通过评审或存在重大争议的项目不得进入决策程序。

（三）收购价格必须履行估价程序

《企业国有资产评估管理暂行办法》规定，国有企业收购非国有单位的资产，需要委托具有相应资质的第三方资产评估机构对相关资产进行评估，以资产评估值为参考确定拟收购资产的价格，收购价格不得高于评估价格。

（四）需要完成必要的投资决策程序

为切实履行国有资产出资人职责，落实国有资本保值增值责任，促进企业投资决策的科学化和规范化,国有企业对外投资必须要进行科学和规范的决策程序,重大项目或者特别监管类项目一般是要报国有企业所属的国资监管机构批准或核准;不属于企业投资负面清单“禁止类”或“特别监管类”的投资项目,原则上由一级国有企业董事会决策,并报国资监管机构备案。

(五)需要履行必要的投后监管程序

在国有企业重大投资项目实施完成后半年内或其他必要情况下,应组织项目后评价工作,对其实施过程、结果和影响进行全面回顾和评价,及时查找问题,总结经验教训,不断完善投资决策制度和规程。对于实际投资效果与可行性研究报告差异较大的项目,应认真作出分析说明,并报投资决策机关审议后报国资监管机构备案。

综上所述,在国有企业以股权/资产收购模式收购民营企业房地产项目成为当前国企获取土地的主流模式背景下,国有企业收购民营企业房地产项目的过程中在遵循国有企业投资监管程序的同时,还需要根据不同的收购模式关注可能存在的法律风险并采取相应的处置方案,从而保证整体程序合法合规,避免出现损害国有资产的情形,确保项目收购顺利进行。

第四节 国有创投机构员工跟投主体范围

员工跟投制度是私募基金管理人在其发展和经营过程中通常会设立并付诸实施的一项内部管理事项,尽管具体实施路径及模式在不同的私募基金管理人中各有千秋,但实施员工跟投的目的和意义却是共识。尤其对于受托管理他人资产的私募基金管理人,强制要求具体项目投资执行团队成员跟投,是一项重要的利益绑定及约束方式,而对于其他自愿跟投的员工来说,这一方式则更多地具有员工激励性质。有别于普通的私募基金管理人,国有创投机构受限于其国资背景及监管要求,在员工跟投的落地方面受到的阻力和限制相对更多,我们注意到随着国有创投机构的发展成熟,各地逐渐出台了鼓励国有创投机构开展市场化员工跟投的政策,我们相信国有创投机构的员工跟投机制也会趋向于成熟。

本节仅就国有创投机构的员工跟投人员范围进行初步探讨,同时为避免歧义,本节中的员工跟投仅指员工对基金投资项目的跟投,而不包括私募基金管理人在其自身层面对其员工开展的股权激励;国有创投机构则是指国有控股或国有实际控制的股权类私募基金管理人,且不包括证券公司私募基金管理子公司。

一 私募基金管理人员工跟投的法律定位

员工跟投是私募基金投资领域的惯例,并无严格的法律定义。有关员工跟投的相关规定散见于中国证监会及中国证券基金业协会发布的相关监管规定中。

《私募投资基金监督管理暂行办法》(以下简称《私募投资暂行办法》)规定,私募基金应当向合格投资者募集,并规定了合格投资者的定义和要求;第 13 条规定,“投资于所管理私募基金的私募基金管理人及其从业人员”视为特殊类型的合格投资者,即“跟投的员工”在法律层面上具备了法定合格投资者的身份。

中国证券投资基金业协会于 2016 年 5 月 27 日公布的《私募基金登记备案常见问题解答》中,再次明确了《私募投资暂行办法》第 13 条规定的人员为合格投资者,当跟投员工的投资金额未达到合格投资者要求时,应当上传员工在职证明和私募基金管理人与员工签署的劳务合同,或私募基金管理人为员工缴纳社保等相关证明劳务关系的文件。

《私募投资基金登记备案办法》(自 2023 年 5 月 1 日起生效,以下简称《私募办法》)第 41 条规定,以员工激励为目的设立的员工持股计划和私募基金管理人的员工跟投平台不予办理私募基金备案,除此之外没有其他关于员工跟投的规定。我们理解,本条的逻辑在于员工跟投平台不存在资金募集行为,因此否定了员工跟投平台的私募基金属性,从本条规定可以推测,此处的员工跟投平台系指全部投资者均为与管理人建立了劳动关系的人员,即全员均为员工的跟投平台无法完成私募基金备案。

据此,对于私募基金管理人的员工跟投的限制,仅存在于私募基金行业监管规定层面上,为实现豁免合格投资者之目的,其员工应当符合中国证券投资基金业协会的相关要求,除此之外,员工跟投并未有更多的限制性规定。易言之,若员工自身条件及投资金额均符合合格投资者的要求时,并非只能通过员工跟投平台参与项目跟投,也可以作为独立的合格投资者参与项目跟投,只不过前者具有更加浓厚的激励色彩。

员工与所在私募基金管理人基于员工跟投产生的法律关系则取决于员工跟投的具体模式,实践中员工跟投模式多样,其中常见模式之一为员工直接跟投管理人所管理的基金,并通过基金参与项目跟投。此时,员工成为基金的合格投资人;模式之二为员工持有员工跟投平台(通常为独立的合伙企业)的财产份额,并通过员工跟投平台参与项目跟投。此时,基金管理人通常为员工持股平台的普通合伙人,员工为持股平台的有限合伙人。

二 国有创投机构员工跟投的法律定位

当私募基金管理人为国有企业时,其员工成为国有企业的职工,无论选择何种员工跟投模式,其员工跟投行为将构成"国有企业职工投资国有企业的间接参股企业或关联企业",对该行为的限制性规定最早出现在国资委于2008年发布的《关于规范国有企业职工持股、投资的意见》第2条第4项:"职工入股原则限于持有本企业股权……但不得直接或间接持有本企业所出资各级子企业、参股企业及本集团公司所出资其他企业股权。"这一要求国企职工不能"上持下"的规定与创投领域员工跟投所有的"天然上持下属性"完全矛盾。当然,《关于规范国有企业职工持股、投资的意见》的出台背景是国企改制正当时,规范国有企业管理层及职工投资入股国有企业、防止国有资产流失。

我们理解,尽管员工跟投追根溯源落入"国有企业职工投资"的法律框架内,但员工跟投与《关于规范国有企业职工持股、投资的意见》规定的“国有企业员工投资”之间具有实质性差异——投资标的不同。员工跟投系员工因其从事的职务行为而获得了与其所在单位同等的对外部目标公司的投资机会,未来投资收益的获得取决于外部目标公司的发展,该等发展并不受到员工的影响,而《关于规范国有企业职工持股、投资的意见》规范的是职工因其职务而持有本单位及关联单位股权,未来投资收益的获得与本单位及关联单位密切相关。我们当然认同,当员工所在机构为国资背景时应当遵守更加严格的规定以避免对国有资产造成损害。

《关于规范国有企业职工持股、投资的意见》之后,随着私募投资行业的快速发展以及国有创投机构的进场和成熟,自《改革国有资本授权经营体制方案》开始,各地相继出台了鼓励国有创业投资机构的政策性规定,尤其是关注到了私募投资管理的行业特性,允许国有创业投资机构“建立完善核心团队持股和跟投机制”“探索实行员工直投项目跟投制度”等。

三 国有创投机构员工跟投的现有规定

我们查阅了北京、深圳、上海、武汉、成都等多地出台的鼓励国有创业投资机构发展的政策性规定,发现这些地区有关文件均明确规定允许/鼓励/支持/探索国有创业投资企业和创业投资管理企业核心团队持股和跟投,但关于跟投人员的范围未有进一步规定。我们同时注意到,国资委在《关于科改示范企业员工跟投平台审批程序的咨询》的解答中,提到“根据《关于支持鼓励‘科改示范企业’进一步加大改革创新力度有关事项的通知》第八条,对于科改示范企业的科技骨干,如确有必要持有子企业股权的,可以报经中央企业批准后实施,并报同级国有资产监管机构备案”。尽管并非创投领域,但这是否也意味着国资监管在特殊行业的特定背景中对“上持下”问题的松绑呢?

值得注意的是,个别地方政策明确规定了员工跟投的对象,例如,2020 年 5 月出台的《成都市促进创业投资发展若干政策措施》第16条规定，"允许国有创业投资企业核心人员（国有创投企业高管、项目管理团队）在投资创业企业项目时以自有资金强制跟投，允许国有创业投资企业普通员工以自有资金自愿选择跟投创业企业项目"；《南京市国有创投企业创新激励管理办法（试行）》规定，"建立国有创投企业投资项目跟投机制，跟投股权与创业企业国有股权同股同价、同股同权，跟投股权可以随国有股权一并退出。管理团队可以通过创业投资管理企业间接持有创业企业股权；鼓励核心人员（国有创投企业高管、项目管理团队）在创业企业项目投资时以自有资金实施跟投；允许国有创投企业普通员工以自有资金自愿选择跟投创业企业投资项目"。

实践中，国有创投机构实施员工跟投的方式多样，包括备案员工跟投基金，例如，常州某国资控股的创投机构CZQFTZ将其员工跟投平台备案为私募基金，由公司骨干共同出资设立，与公司所管理的其他基金同时对外投资，成为标的公司的直接股东，实施"同进同出、同股同权"[1]。

因此，国有创投机构的员工跟投制度目前仍然处于探索阶段，其跟投人员的范围从有限的规定来看包括了国有创投企业高级管理人员、项目管理团队及普通员工。员工跟投作为一项内部制度以及投资事项，具有一定隐蔽性，我们相信在实践中开展员工跟投的国有创投机构及其形式具有多样性。

四 国有创投员工跟投主体范围的特殊问题

除了普通的员工之外，国有创投机构的国资背景在特定情形下，会出现国有创投机构的高级管理人员可能存在特殊身份，《私募基金管理人登记指引第1号——基本经营要求》中亦明确规定，私募基金管理人的专职员工包括"国家机关、事业单位、政府及其授权机构控制的企业委派的高级管理人员"。因此，关于

---

[1] 《钟楼金控探索国有创投机构跟投机制》，载微信公众号"常州瑞源创业投资有限公司"2022年12月31日，https://mp.weixin.qq.com/s/5vDFlYy3qAGgen_BPrcYxg。

该等委派的高级管理人员能否参与跟投的问题对国有创投机构而言可能会成为一项常规问题。

(一)经批准在企业任职的公职人员及其配偶、子女是否能够参与跟投

地方政府任命的领导或离职公务员或退休公务员经过批准兼任/担任国有创投机构的领导职务,该等领导人员是否能够参与项目跟投这一问题的实质为公务员是否能够直接或间接投资私募股权基金或标的企业。在实践中,可能存在国有创投机构领导以其配偶或子女的名义参与跟投的情形,此处我们一并进行探讨。

《公务员法》第59条规定,公务员不得“违反有关规定从事或者参与营利性活动,在企业或者其他营利性组织中兼任职务”,则首先需要确认的问题为是否有“相关规定”(见表24)。

表24 有关公务员任职兼职的相关规定

规定	内容	解读
《关于党政机关工作人员个人证券投资行为若干规定》	第3条 党政机关工作人员个人可以买卖股票和证券投资基金。	该规定未明确界定何为证券投资基金,但国内第一部证券投资基金法于2003年才公布实施且其中关于证券投资基金的范围仅限于公募基金,未包含私募股权基金。
中共中央组织部关于进一步规范党政领导干部在企业兼职(任职)问题的意见	第3条 按规定经批准在企业兼职的党政领导干部,不得在企业领取薪酬、奖金、津贴等报酬,不得获取股权和其他额外利益。 第9条 各地区各部门各单位可根据本意见精神,按照干部管理权限,制定相应的管理实施办法,加强对各级各类领导干部在企业兼职(任职)的规范管理。	辞去公职或者退(离)休后3年内在国有创投机构任职的党政领导干部不得获取股权和其他额外利益;具体领导干部的范围尚取决于所在单位的干部管理权限规定。

续表

规定	内容	解读
中共中央办公厅、国务院办公厅关于印发《领导干部报告个人有关事项规定》和《领导干部个人有关事项报告查核结果处理办法》的通知	第4条　领导干部应当报告下列收入、房产、投资等事项：……(四)本人、配偶、共同生活的子女投资或者以其他方式持有股票、基金、投资型保险等的情况；(五)配偶、子女及其配偶经商办企业的情况,包括投资非上市股份有限公司、有限责任公司,注册个体工商户、个人独资企业、合伙企业等,以及在国(境)外注册公司或者投资入股等的情况；所称“基金”,是指在我国境内发行的公募基金和私募基金。	其中第4项的人员范围包括了“本人”,第5项关于经商办企业的人员范围仅有其配偶子女；领导干部可以投资公募基金和私募基金,但本条规定中基金与股票、投资型保险并列,其性质中多包含理财属性。
中共中央办公厅印发《领导干部配偶、子女及其配偶经商办企业管理规定》〔1〕	党政机关、群团组织、企事业单位厅局级及相当职务层次以上领导干部；经商办企业情形,主要是投资开办企业、担任私营企业或外资企业等高级职务、私募股权基金投资及从业、从事有偿社会中介和法律服务等行为。	厅局级以上领导干部的配偶、子女及其配偶不得进行私募股权基金投资及从业。

〔1〕参见中共中央办公厅印发《领导干部配偶、子女及其配偶经商办企业管理规定》,载中央人民政府网,https://www.gov.cn/zhengce/2022-06/19/content_5696702.htm。

续表

规定	内容	解读
《中国共产党纪律处分条例》(2018 修订)	第 94 条　违反有关规定从事营利活动,有下列行为之一,情节较轻的,给予警告或者严重警告处分;情节较重的,给予撤销党内职务或者留党察看处分;情节严重的,给予开除党籍处分:(一)经商办企业的;(二)拥有非上市公司(企业)的股份或者证券的;(三)买卖股票或者进行其他证券投资的……违反有关规定在经济组织、社会组织等单位中兼职,或者经批准兼职但获取薪酬、奖金、津贴等额外利益的,依照第一款规定处理。	党员干部违反规定从事营利活动的,还需要受到党纪处分;其中从事"营利活动"的形式包括了拥有非上市公司股份。

综上,我们可以得出以下结论,当国有创投机构的高级管理人员为公务员及其配偶、子女时,其能否参与跟投似乎与跟投本身的行为性质关联性较弱,具有更加直接影响的是能否投资私募基金或合伙企业:(1)对于辞去公职或离退休不足 3 年的党政领导干部,不得获取股权或其他额外利益;(2)厅局级以上领导干部及其配偶、子女及其配偶,均不能参与私募基金投资以及私募基金从业,包括通过参与私募基金跟投或通过员工持股平台跟投;(3)对于依据相关干部管理规定,未达到相关领导干部级别的公职人员,是否能够参与私募股权基金投资或通过员工持股平台跟投,并未有明确禁止性规定。对此,部分地方监管部门专门公布了公众号文章,认为私募基金投资存在经商办企业的性质,因此公职人员不得进行私募股权投资。[1] 据此,我们倾向于理解,对于普通公职人员,尽管未有明确禁止性规定,考虑到国有创投机构代表的巨大投资利益,以及 IPO 股东穿透核查的要

〔1〕 参见《公职人员能不能投资私募股权基金,这回搞清楚了》,载微信公众号"浙江组工"2021 年 11 月 8 日,https://mp. weixin. qq. com/s/XjfWFzSxUnghOuwFgmAp6Q;《党员领导干部能否投资私募股权基金》,载微信公众号"太湖经纪监察"2023 年 2 月 20 日,https://mp. weixin. qq. com/s/z3YXTNgmyZpTBEf3sr2 – Xg。

求,实践中参与跟投仍存在较大法律风险以及未来被清退的可能性。

(二)国有企业领导人员及其配偶、子女是否能够参与跟投

国有创投机构的高级管理人员若同时是国有独资企业、国有控股企业(含国有独资金融企业和国有控股金融企业)的领导班子成员,则能否参与跟投也同时需要受到国有企业领导的相关监管规定(见表25)。

表25　国有企业领导人员相关监管规定

规定	内容	解读
《中共中央办公厅、国务院办公厅印发〈国有企业领导人员廉洁从业若干规定〉的通知》	第5条　国有企业领导人员应当忠实履行职责。不得有利用职权谋取私利以及损害本企业利益的下列行为:(一)个人从事营利性经营活动和有偿中介活动,或者在本企业的同类经营企业、关联企业和与本企业有业务关系的企业投资入股。 第6条　国有企业领导人员应当正确行使经营管理权,防止可能侵害公共利益、企业利益行为的发生。不得有下列行为:(一)本人的配偶、子女及其他特定关系人,在本企业的关联企业、与本企业有业务关系的企业投资入股。 第26条　国有企业领导班子成员以外的对国有资产负有经营管理责任的其他人员、国有企业所属事业单位的领导人员参照本规定执行。	国有企业领导人员及其配偶、子女及其他特定关系人均不得在与所在企业有业务关系的企业投资入股,那么根据私募投资基金的业务性质,参与跟投必然意味着与所在创投机构有业务关系的企业入股。
《中共中央纪委办公厅、监察部办公厅、国资委办公厅关于印发〈关于加强国有企业领导人员廉洁自律工作的意见〉的通知》	在继续贯彻中央纪委关于国有企业领导人员廉洁自律各项规定的基础上,着重落实2003年中央纪委第二次全会提出的国有企业领导人员廉洁自律五项要求(以下简称"五项要求"),即不准利用职权在企业物资购销、项目开发等经营活动中谋取私利;不准个人及其亲属违反规定投资入股与其所在国有企业有关联交易、有依托关系的私营、民营企业和外资企业……不准利用企业的商业秘密、业务渠道从事个人谋利活动,或将其提供、泄露给他人及其他企业。	"入股与所在国有企业有业务关系或关联关系的企业"仍为明确禁止性行为。

据此我们可以得出结论,无论是作为员工身份参与项目跟投,还是作为独立的合格投资者参与项目跟投,国有企业领导人员均存在实施障碍。

(三)国有创投机构的关联方员工是否能够参与跟投

创投领域员工跟投作为一项企业内部制度,对于大型集团而言,其跟投对象范围一般情况下会拓展至集团内其他企业的员工,此时跟投更多具备了激励性质。对于国有创投机构,在当前的监管框架下,我们认为创投机构自身实施员工跟投尚且存在诸多不确定性,而将其关联企业的员工纳入范畴更加不具有可行性。从私募基金监管角度,若通过投资私募基金进行员工跟投,除非该关联员工本身已符合合格投资者条件,否则其将会因不具备“员工”身份而无法获得合格投资者豁免,导致该员工无法跟投;若通过员工持股平台合伙企业进行跟投,不再需要受到合格投资者的约束,仅需目标公司同意以及符合未来IPO股东穿透核查要求即可。

综上,国有创投机构因其创投及国资的双重属性,在员工跟投这一问题上受到了诸多限制,除了党政领导干部、国有企业领导人员之外,我们倾向于理解国有创投机构的市场化员工应当具有员工跟投机制,而不应受限于《关于国有控股混合所有制企业开展员工持股试点的意见》的限制。当然,这也必然潜藏着由此可能发生的利益输送或违规代持等法律风险。我们相信,随着国有创投机构的发展与成熟,未来会逐步建立符合国有创投机构特点的跟投监管制度。

第五节　国有企业作为股权回购义务人的法律实务要点

在企业融资及发展过程中,投资人或其他权利人为保障自身利益一般会要求回购义务人作出股权回购承诺,该等远期的股权回购承诺基本已成为企业融资交易中的标准配置。但当回购义务人是国有企业时,这一惯例行为随即变得颇为复杂:国有企业作出该等远期回购股权承诺是否存在效力瑕疵、在履行过程中是否存在法律风险、该承诺性质及对应的决策机制为何以及在 IPO 中表现又如何？笔者将基于国有企业法律实务，从国有资产监管规定、国有企业投融资决策、争议解决等相关角度深入探讨以上问题。

一 股权回购的法律问题的具体范围

在本节关于国有企业作出股权回购承诺的法律问题框架范围内，作为股权回购承诺义务人的国有企业仅限于作为股东的国有控股企业或国有实际控制企业，作为股权回购承诺权利人的主体仅限于非国资主体（非国有及国有控股企业、国有实际控制企业），作出股权回购承诺的场景既包括企业在融资法律文件中涉及的典型对赌条款中明确的股权回购事项，又适用于其他的商业交易方案中涉及股权回购事项的情形。

二 股权回购承诺的性质

“股权回购”并非严格意义上的法律概念，在不涉及目标公司作为股权回购承诺义务人的情况下（该等情况将被视为“减资”），其法律实质仍为“股权转让”，因此构成股权转让这一独立的法律关系。国有企业作出的股权回购承诺，在法律关系上则构成“国有企业购买/受让非国有资产”，若将其理解为一项独立行为则构成“一项投资”；更进一步，若被回购主体也是国有企业，那么在法律关系上会同时触发“国有产权的转让”与“国有企业对外投资”，这面临的程序问题更加复杂。

但股权回购之所以使用“回购”一词，我们必须关注其商业实质，即股权回购是某一投资或商业交易方案的组成部分，即股权回购与前期非国资主体做出的股权投资行为相对应，具有“非独立性”，应当理解为原交易方案涉及的法律关系在时间上的延长。

由此,在不同的维度上展开时,股权回购承诺具备“独立性”和“非独立性”的双重属性。基于国有企业的相关监管规定以及保障国有资产保值增值、避免国有资产流失的责任红线,国有企业在作出股权回购承诺及后续履约时,将产生股权回购承诺双重属性的冲突,也正是由此衍生出一系列问题。

三 股权回购承诺的法律效力

(一)股权回购承诺效力在法律、行政法规方面的规定

与股权回购承诺密切相关的对赌条款效力问题一直是实务界与理论界争议极大的焦点,直至2019年最高人民法院印发《全国法院民商事审判工作会议纪要》(以下简称《九民会议纪要》),“对赌协议”的效力才有了较为统一的处理意见:“……对于投资方与目标公司的股东或者实际控制人订立的‘对赌协议’,如无其他无效事由,认定有效并支持实际履行,实践中并无争议。但投资方与目标公司订立的‘对赌协议’是否有效以及能否实际履行则存在争议……”由于目标公司对赌不属于本节讨论范畴,因此不再展开。

据此,对于股权回购承诺效力的认定首先需要判断是否存在法定无效事由,对于国有企业作为股权回购承诺义务人的,除需要考虑一般性法定无效事由外,主要还涉及国有资产监督管理的相关法律规定,具体涉及以下几个方面。

1.《民法典》有关合同批准效力的规定

根据《民法典》第502条第2款规定,“依照法律、行政法规的规定,合同应当办理批准等手续的,依照其规定。未办理批准等手续影响合同生效的,不影响合同中履行报批等义务条款以及相关条款的效力。应当办理申请批准等手续的当事人未履行义务的,对方可以请求其承担违反该义务的责任”。基于此,若国有企业回购非国资股权的行为在法律、行政法规中明确规定应当办理审批,则未经审批将直接影响其效力。

2. 国有资产监督管理的相关规定

经检索,与国有企业(作为目标公司的股东或实际控制人)回购股权相关的规定主要有以下两点。

(1)《企业国有资产法》第30条规定,“国家出资企业合并、分立、改制、上市,增加或者减少注册资本,发行债券,进行重大投资,为他人提供大额担保,转让重大财产,进行大额捐赠,分配利润,以及解散、申请破产等重大事项,应当遵守法律、行政法规以及企业章程的规定,不得损害出资人和债权人的权益”。第32条规定,“国有独资企业、国有独资公司有本法第三十条所列事项的,除依照本法第三十一条和有关法律、行政法规以及企业章程的规定,由履行出资人职责的机构决定的以外,国有独资企业由企业负责人集体讨论决定,国有独资公司由董事会决定”。

(2)《企业国有资产监督管理暂行条例》第21条规定,“国有资产监督管理机构依照法定程序决定其所出资企业中的国有独资企业、国有独资公司的分立、合并、破产、解散、增减资本、发行公司债券等重大事项……”第24条规定,“所出资企业投资设立的重要子企业的重大事项,需由所出资企业报国有资产监督管理机构批准的,管理办法由国务院国有资产监督管理机构另行制定,报国务院批准”。

从以上规定来看,我们注意到均未对明确的国有企业作出股权回购承诺或国有企业受让股权/资产这一特定事项必须经国资审批程序作出强制性规定。因此,我们认为,一般情况下,法律、行政法规层面并未规定国有企业受让非国资产权的行为须以国资审批作为生效条件。在特殊情况下,如果具体个案中的“股权回购承诺”足以构成该国有企业的“重大投资”或“重大事项”,则可能将会面临履行国资审批的要求。

(二)股权回购条款效力认定的判例情况

1. 是否因股权回购未经批准而未生效

关于股权回购条款是否因未履行审批手续而未生效,在司法实践中有不同的判例(见表26)。

表 26 股权回购相关案例

案号	案件概况	效力认定	核心观点及理由
(2016)最高法民申474号	国有独资公司江苏盐业与非国资投资机构阳亨公司签署《股权转让协议》,约定目标公司新世纪盐化上市不成时江苏盐业回购阳亨公司的股权;双方同时就回购股权事宜签署了《股权转让专题会议纪要》,载明“江苏省盐业集团有限责任公司按规定履行股权受让相关程序”。 争议焦点:案涉《股权转让协议》是否属于应履行而未履行审批程序而无效?回购义务人是否应支付股权转让款?	未生效	最高人民法院最终认定《股权转让协议》未生效理由: “依据《合同法》[①]第44条及《最高人民法院关于适用〈中华人民共和国合同法〉若干问题的解释(一)》[②]第9条关于法律、行政法规规定合同应当办理批准手续,或者办理批准、登记等手续才生效的规定,江苏盐业作为国有独资企业,其因对外重大投资而签订的案涉股权买卖合同需经国资管理部门审批后,合同才能生效”。 在合同尚未经审批、未生效的情形下,给付股权转让款的合同义务尚不具有可履行性。
(2017)最高法民终734号	国有企业福浩公司与非国资企业津海达公司签署《股权转让协议》,约定津海达公司将目标公司45%的股权转让予福浩公司,协议签署后福浩公司按约定支付了股权转让款。 争议焦点:《股权转让协议》未经天津市国资委审批,是否无效?	有效	最高人民法院认定《股权转让协议》有效,理由: (1)未有证据表明津海达公司是所属国资集团的重要子公司,因而其股权转让需天津市国资委审批; (2)即使涉诉股权转让必须经天津市国资委批准,但因并无法律法规规定未经天津市国资委批准时涉诉股权转让就无效。

续表

案号	案件概况	效力认定	核心观点及理由
(2022)最高法民申232号	国有独资公司南京报业集团与非国资投资机构汇金立方签署《增资协议》《备忘录》,约定若目标公司时代股份在《备忘录》签署三年后未实现上市,汇金立方中心等应将其持有的时代股份公司的全部股权转让给报业集团和时代投资公司,且约定了股权转让价格,《备忘录》中并无关于股权回购协议需经审批的约定。 争议焦点:案涉《备忘录》是否因未审批而未生效?	有效	最高人民法院最终认定《备忘录》有效,回购义务人应当履行回购义务,理由: 《备忘录》无关于需要经过审批才生效的约定; (1)《企业国有资产法》第30条、《企业国有资产监督管理暂行条例》第23条、第24条等规定均未有关于股权回购需经批准的规定; (2)《备忘录》系双方真实意思表示,且法律、行政法规未有相关强制性规定。

注:①已废止,对应《民法典》第119条。
②已废止。

我们注意到,以上判例的最终认定主体均为最高人民法院,其结论有所差异,在(2022)最高法民申232号裁决书中,最高人民法院解释了与(2016)最高法民申474号案件的不同:"各方当事人在涉及股权回购的《股权转让专题会议纪要》中约定'盐业集团按规定履行股权受让相关程序',应属各方对股权回购协议需经审批后生效的约定和安排,而本案《备忘录》并无关于股权回购需经审批生效的相关约定,各方当事人也确认签订《备忘录》时均认为不需要审批,故本案与另案判决之间并不存在同案不同判的问题。"我们认为,就最高人民法院的判决观点而言,其遵循的原则是一致的,即法律及行政法规未有关于股权回购应当以相关部门审批为前置生效条件的规定,在协议有生效条件约定的情形下应当以协议约定优先。

2. 是否因未履行评估程序而无效

若股权回购承诺明确约定了未来的股权回购价格,则是否会因违反资产评估相关规定而无效是需要同时考虑的问题。一般而言,涉及国有企业投资及资产处置时原则上需要履行评估程序,国有企业以收购股权方式履行回购义务时也将面临同样的问题,但是股权回购承诺往往会提前约定价格,由此会导致约定价格与评估价格不一致,或在实践中并不履行评估程序。

《企业国有资产评估管理暂行办法》第 6 条规定,“企业有下列行为之一的,应当对相关资产进行评估……(十)收购非国有单位的资产”;第 27 条规定:“企业违反本办法,有下列情形之一的,由国有资产监督管理机构通报批评并责令改正,必要时可依法向人民法院提起诉讼,确认其相应的经济行为无效:(一)应当进行资产评估而未进行评估……”据此,国有企业以收购股权方式履行回购义务也需适用该规定,不履行相关评估程序,将违反该规定。但就效力上而言,该规定目前是部门规章,并非法律、行政法规,因此不能直接依据《民法典》第 153 条“违反法律、行政法规的强制性规定的民事法律行为无效……”来认定股权回购条款无效。

在司法实践中,例如,在(2013)苏商外终字第 0034 号、(2013)民二终字第 33 号等案件中,法院均认为评估程序并非效力性强制规范,未履行评估程序并不涉及协议效力问题。然而,在股权回购承诺明确约定了回购价格的情况下,未经履行评估程序可能导致的问题是,国有企业回购股权的约定价格远高于评估价格,存在国有资产流失的风险。根据《九民会议纪要》第 31 条的规定,“违反规章一般情况下不影响合同效力,但该规章的内容涉及金融安全、市场秩序、国家宏观政策等公序良俗的,应当认定合同无效。人民法院在认定规章是否涉及公序良俗时,要在考察规范对象基础上,兼顾监管强度、交易安全保护以及社会影响等方面进行慎重考量,并在裁判文书中进行充分说理”。因此,在特定情况下,如果认为违反国有资产评估程序的规章规定导致国家利益、公共利益受损,则可能会以违反公序良俗为由被认定为无效。

因此,从有限的司法判例以及《企业国有资产评估管理暂行办法》属于部门规章的效力性位阶,我们认为股权回购承诺一般情况下并不会因为未履行评估程序而无效。

综上,我们可以得出以下结论:一般情况而言,国有企业进行股权回购并不属于法律、行政法规规定的需要审批的事项,股权回购条款不属于需审批方可生效的合同条款,只要相关协议中并未明确约定股权回购/股权转让协议应以相关部门审批通过作为生效条件，则根据《民法典》第 502 条规定，股权回购承诺条款自协议成立时生效；在股权回购承诺中可以明确约定未来的回购价格或确定回购价格的计算方式，该等约定一般情况下并不会因为未履行评估程序而导致股权回购承诺条款无效。

四 关于股权回购承诺的法律风险

(一)可能会违反地方国资监管制度关于国企投资管理的规定

如前文所述，股权回购从其独立法律关系上构成国有企业对外投资行为，在相关监管制度中未有对股权回购有特别规定的情况下，需要遵循法律、行政法规、地方性法规及国有企业内部关于对外投资的相关规定。例如，《深圳市属国有企业投资管理暂行规定》规定，“对尚未按规定完成前期研究论证工作和决策程序的投资项目，企业不得进行实际投资，不得签订具有法律约束力的相关合同或协议”，深圳市相关市属国有企业在其内部投资管理制度中亦按照深圳市国资委的要求作出了相同的规定。那么在该等规定及内部制度项下，若将股权回购认定为“独立的交易行为”而需要独立履行审批程序，那么国有企业要作出股权回购承诺将可能违反该等规定。同时《深圳市属国有企业违规经营投资责任追究实施办法(试行)》第 14 条规定，“投资并购方面的责任追究情形：(一)未按规定开展尽职调查、可行性研究，提供虚假资料进行可行性研究，或尽职调查未进行风险分析、法律审核等，存在重大疏漏……(四)未按规定履行决策和审批程序，决策未充分考虑重大风险因素，未制定风险防范预案……”据此，若将股权回购承诺视为独立的投资行为，就仍需在履行回购时按照国资监管要求完成相关程序，否则可能存在责任追究的风险。

我们同时注意到在个别案例中，地方监管部门对股权回购作出了特别规定。例如，北京市国资委发布的《市属国有企业混合所有制改革操作指引》规定，“市属国有企业在混合所有制改革中，原则上不得与投资者签订对赌条约和回购条款。确需签订的，应在确保国有权益不受损害的前提下，经市管企业董事会同意后执行，并充分考虑后续操作的规范性、可行性以及法律风险和隐患的解决预案”；在（2020）粤01民终4286号案件中，作为股权回购权利人的国有企业广东粤科在案件审理中出具了《广东省科学技术厅广东省财政厅关于同意粤科金融集团进行国有控股创业投资企业投资项目评估管理改革试点的批复》，载明，“已投资项目按照投资协议约定的价格和条件并已协议转让或股权回购方式退出的，按照约定价格办理股权转让手续，不再进行国有资产评估和公开挂牌”。

据此，在无特别规定作为股权回购执行依据的情况下，在现有的国资监管框架体系下，股权回购被视为一项独立交易行为的概率较高，即构成国有企业对外投资事项，需要遵守所属企业的对外投资流程及监管要求，国有企业直接在投资协议中作出股权回购承诺存在违反该等监管要求的风险。但就其商业实质而言，我们倾向于认为股权回购承诺系整体股权投资或商业交易方案的组成部分，将其作为整体交易方案履行审批程序、取得国资监管部门的批准更加符合作出这一承诺的实质。是以，在国有企业履行内部决策程序时，我们建议充分与监管部门沟通，若监管部门认可股权回购承诺的非独立性商业实质，则将其与整体交易方案合并审批仍具有可行性。

（二）可能存在履约风险

股权回购承诺系一项“远期承诺事项”，即股权回购承诺的作出与履行之间存在不确定的时间周期，在股权回购条件触发进而产生国有企业回购股权义务时，依据当前的监管规定体系，国有企业的回购行为仍需按照国有企业对外投资或者重大交易事项履行审批程序，由此将可能会发生“回购义务已产生，但届时无法通过内部投资决策的窘境，进而导致一定的回购义务履行障碍或争议”。

当股权回购承诺明确约定了回购价格计算方式，依据届时国有企业收购资产相关要求进行二次评估或其他程序，二者之间很有可能会产生较大差异。尤其是股权回购条件的触发往往是发生在目标公司财务表现不及预期的情况下，则标的公司的评估价值较股权回购价格大概率会发生大幅降低，若仍以较高价格收购，会存在损害国有权益的风险。若约定的股权回购价格明显低于评估价格时，依据

《企业国有资产评估管理暂行办法》第22条，交易将会被暂停，在获得原经济行为批准机构同意后方可继续交易；若约定价格明显高于评估价格时，如何解释其合理性以保证交易价格对于国资收购方是公允的，是否存在国有资产流失风险则是作出同意回购股权承诺需要考虑的核心问题。

当交易对方将股权回购承诺诉诸司法解决争议时，存在被法院支持的可能性。在(2017)最高法民终734号、(2022)最高法民申232号及(2021)京02民终13186号案件中，交易各方在协议中作出了明确的股权回购承诺及其具体价格的，最终法院均判决由国有企业按照协议约定履行回购义务。

在该等情况发生时，我们认为若协议约定价格明显高于评估价格，国有资产流失的风险仍然客观存在，从有限的判例来看，优先保障协议约定产生的交易秩序是目前司法主流观点，即无论是审批程序还是回购价格，均以协议约定为准则。这在一定程度上是否也可以理解为司法机关更加倾向于认可股权回购承诺的"非独立性"？然而当我们回归当前法律框架下的实践时，从国资监管角度出发，当协议各方对股权回购事宜发生争议时，依据法院判决履行回购义务是支付回购款项、豁免决策流程的正当合理理由，这意味着在股权回购条件触发时，诉讼是回购权利人主张权利最有效的方式，也是回购义务人"最安全"的履行方式。

五　关于股权回购承诺在IPO中的表现及其处理

股权回购承诺的典型场景系投资协议中的对赌条款，这与目标公司的资本市场路径密切相关，为此，我们对最近成功实现上市的国有企业已披露的对赌条款(见表27)进行了梳理，其中较为典型的约定如表27所列两点。

表 27 上市国有企业已披露对赌条款

上市公司	承诺义务人	权利人	股权回购条款约定	股权回购条款的审批程序约定
中科环保	中科实业（国有企业）	碧蓝润宇（非国资）	如发生以下任一情形，投资人有权要求中科集团回购其所持全部或部分中科环保股份，回购价格以届时投资方所持中科环保股权比例对应的经备案的净资产评估值为依据，原则上回购价格不低于投资者投入本金：①中科环保未能在 2023 年 12 月 31 日之前在合格证券交易所（指上海证券交易所、深圳证券交易所的主板、中小板、创业板和科创板）成功完成首次公开发行股票并上市……	—
通行宝	江苏交控（国有企业）	江苏高速/台州尚颀（非国资）	第 2 条 赎回权 1. 承诺方同意并接受：投资方入股后，如出现如下情形：1）目标公司未能于 2022 年 12 月 31 日前向中国证券监督管理委员会（以下简称中国证监会）或上海证券交易所或深圳证券交易所递交上市申请材料，拟上市目标资本市场为上海证券交易所（含主板及科创板）及/或深圳证券交易所（含中小板及创业板）……则投资方有权在该等事项发生后，要求承诺方在收到投资方的书面要求后 40 个工作日内按照投资额年化利率 8%（复利）扣除持股期间投资方获得的现金红利及业绩承诺补偿款（如有）后计算所得的金额（P）回购投资方所持有的全部或部分公司的股权；若 P 低于收购股权对应的公司净资产的，则收购价款应以收购股权对应的公司净资产价格为准。公司净资产的认定标准，以最近一年经投资方和承诺方共同认可的会计师事务所出具的年度审计报告为准，若没有上一年度经审计的年度财务报告的，则投资方可聘请会计师事务所对目标公司进行审计，并以该等会计师事务所出具的审计报告为准，审计费用由目标公司及/或其指定的第三方承担。	—

续表

上市公司	承诺义务人	权利人	股权回购条款约定	股权回购条款的审批程序约定
		江苏高速/联银创投(非国资)	第2条第1项　股权回购如出现以下任一情形,投资方有权要求目标公司及/或江苏交控指定的第三方(以下统称为承诺方)以联银创投投资额加6%年化收益率扣除持股期间投资方获得的现金红利后计算的价格,回购投资方认购的全部或部分股权……关于上述回购事项,承诺方已经履行了必要的公司治理程序。如目标公司及/或江苏交控指定的第三方在法律资格、经济能力上不足以承担上述回购事宜,江苏交控应继续安排相关方承接回购义务,直至投资方本条款项下的权益得到落实。	关于上述回购事项,承诺方已经履行了必要的公司治理程序。

从该等有限的案例数量来看,国有企业股东作出股权回购的对赌承诺具有以下共同特点,其一,整体数量较少;其二,股权回购价格采取了市场化的方式约定,同时兼顾了国资程序;其三,国有企业作出的该等承诺在上市过程中亦未受到监管部门关于是否违反国资监管规定或是否会造成国有资产流失的问询或者关注。基于此,尽管数量偏少,我们认为,上市监管部门对国资股权回购承诺亦持开放态度,这对于增强国有企业作为市场主体在融资过程中的平等性和竞争力具有积极意义;但与此相伴而生的问题是,若按照市场化方式约定股权回购价格,则在市场交易秩序与避免国有资产流失之间如何权衡,我们将在未来的实践中持续关注有关解决方案。

在当前法律框架体系内,未有国有企业股东作出的股权回购承诺须经批准方可生效的规定。股权回购承诺可以明确约定回购价格,但在实际履行过程中仍面临着以“独立的受让股权交易”而履行二次决策及评估程序的较大可能性,进而可能违反有关国有企业对外投资的监管规定而无法通过决策;或因约定价格与评估价格之间必然存在的差异而引发履约争议,有限的司法案例表明法院倾向于按照协议约定履行回购义务,但是对于该等交易秩序与国有资产流失风险以及可能引发的决策责任之权衡问题,需要我们持续保持关注。

第六节 国有股权回购的法律实务

为保障投资机构的投资收益,要求目标公司或其实际控制人等相关主体作出股权回购承诺是股权投资过程中的惯例。股权回购的实质是"股权转让",对于国资背景的投资机构,股权回购承诺的作出代表不确定的未来国有股权转让行为,除需遵守一般的民商事规定外,还需要遵守国有资产监管要求。本节拟从法律框架及司法实践层面探讨国有股权回购条款的效力及履行过程中可能面临的问题,以期对国有股权回购承诺条款的约定提供有益帮助。

一 国有股权回购的法律问题实质

股权回购就法律关系上而言是股权转让,国企对外投资产生的股权回购构成国有股权的对外转让。从国有股权形成的主体角度出发,本节框架下探讨的国有股权包括以下情形:普通行业的非上市国有企业(含国有控股企业及国有实际控制企业,不含金融类、文化类等特殊领域)对企业以各种形式出资产生的股权;国有创投机构对标的企业投资产生的股权,该等出资行为仅限于国内企业。

《企业国有资产法》第54条规定:"国有资产转让应当遵循等价有偿和公开、公平、公正的原则。除按照国家规定可以直接协议转让的以外,国有资产转让应当在依法设立的产权交易场所公开进行……"《企业国有资产交易监督管理办法》第2条规定:"企业国有资产交易应当遵守国家法律法规和政策规定,有利于国有经济布局和结构调整优化,充分发挥市场配置资源作用,遵循等价有偿和公开公平公正的原则，在依法设立的产权交易机构中公开进行，国家法律法规另有规定的从其规定。”

据此，国有股权转让原则上应当遵循“公开进场交易”原则，这与股权回购条款的协议约定之间存在必然冲突，也因此在实践中有关国有股权回购的核心争议焦点通常有以下两个方面：股权回购条款是否有效；在明确约定了股权回购价格时，是否能够直接依据协议履行而无须履行进场交易程序。

二　股权回购的法律适用

（一）国有股权回购的一般性规定

《最高人民法院关于印发〈全国法院民商事审判工作会议纪要〉的通知》的出台，对对赌协议的效力进行了认可：“对于投资方与目标公司的股东或者实际控制人订立的对赌协议，如无其他无效事由，认定有效并支持实际履行，实践中并无争议。”

《企业国有资产法》第54条第2款规定：“除按照国家规定可以直接协议转让的以外，国有资产转让应当在依法设立的产权交易场所公开进行……”

《企业国有资产交易监督管理办法》第13条规定：“产权转让原则上通过产权市场公开进行……”第31条规定：“以下情形的产权转让可以采取非公开协议转让方式：（一）涉及主业处于关系国家安全、国民经济命脉的重要行业和关键领域企业的重组整合，对受让方有特殊要求，企业产权需要在国有及国有控股企业之间转让的，经国资监管机构批准，可以采取非公开协议转让方式；（二）同一国家出资企业及其各级控股企业或实际控制企业之间因实施内部重组整合进行产权转让的，经该国家出资企业审议决策，可以采取非公开协议转让方式。”第63条规定：“金融、文化类国家出资企业的国有资产交易和上市公司的国有股权转让等行为，国家另有规定的，依照其规定。”第66条规定：“政府设立的各类股权投资基金投资形成企业产（股）权对外转让，按照有关法律法规规定执行。”

以上规定是对赌条款及国有股权转让涉及的核心基础规定，适用于任何涉及对赌及国有股权转让的场景，是股权回购约定无法回避的规定，也正是基于《企业国有资产法》第 54 条关于“除另有规定可以直接协议转让外，国有资产转让应当进场交易”的规定，使股权回购条款效力的判断成为最富有争议的事项。

（二）国有创投机构股权回购的相关规定

《深圳市属国有创业投资企业转让所持创业企业股权管理暂行规定》第 2 条第 2 款规定，国有创业投资企业向创业企业进行股权投资后，通过转让所持创业企业的股权实施退出的行为。第 3 条规定，除本规定第 2 条规定的情形外，国有创业投资企业转让所持有的股权（如转让持有的控股子公司、投资平台公司股权）和其他资产，按照《深圳市属企业国有产权变动监管规定》和《深圳市属国有企业资产评估管理规定》的相关规定执行。第 12 条规定，国有创业投资企业转让所持创业企业股权属于根据投资协议明确约定的某一固定收益率或价格回购且按协议实施的，经市国资局核准，可以免于相关国有资产评估。第 13 条规定，国有创业投资企业转让所持创业企业股权应当按照国家、深圳市企业国有产权交易的有关规定，在依法设立的产权交易机构中公开进行。第 14 条规定，国有创业投资企业转让所持创业企业股权有下列情形之一的，经市国资局核准，可以免于公开挂牌征集受让方，采取协议转让方式进行交易，由产权交易机构鉴证：（1）按照投资协议的约定实施回购的；（2）按照投资协议的约定将暂时登记在国有创业投资企业名下的质押股权退还原股东的；（3）因实施股权重组，与其他股东联合转让被投资企业股权的。第 15 条规定，国有创业投资企业转让所持创业企业股权涉及协议转让或免于资产评估的，应当报市国资局核准。

《上海市国有创业投资企业股权转让管理暂行办法》第 11 条规定，国有创业投资企业在投资协议中事前约定股权转让事项的，国有创业投资企业决定后，应通过第一大股东逐级上报出资监管企业或区（县）国资委备案后方可实施。国有股东并列第一大股东的，由股东协商后确定上报主体。第 14 条规定，国有创业投资企业转让股权时，投资协议中对转让事项事前约定并按规定履行备案的，可按事前约定依法决策。第 18 条规定，国有创业投资企业转让股权，事前没有约定，或者约定不明的,按照《企业国有产权转让管理暂行办法》有关规定提交转让文件和实施交易,法律法规和本办法有特殊规定的除外。

《珠海市市属国有创业投资企业转让所持创业企业股权管理办法》第 11 条规定,对于国有创业投资企业转让所持创业企业股权符合本办法规定的可采取协议转让方式交易的,经所属市管企业或受托管理的市管企业核准,在确保国有权益安全或避免更大损失的前提下,可以使用资产评估报告或估值报告。第 14 条规定,国有创业投资企业转让所持创业企业股权应当按照国家、珠海市企业国有产权交易的有关规定,在依法设立的产权交易机构中公开进行。第 15 条规定,国有创业投资企业转让所持创业企业股权有下列情形之一的,可以免于公开挂牌征集受让方,采取协议转让方式进行交易:(1)按照投资协议的约定实施回购的;(2)按照投资协议约定将暂时登记在国有创业投资企业名下的质押股权退还原股东的;(3)被投企业实施后续融资或股权重组,与其他股东联合转让被投资企业股权的;(4)属于扶持类股权投资项目的,按照投资协议约定的让利价格、让利对象实施股权转让退出的。第 16 条规定,国有创业投资企业转让所持创业企业股权涉及协议转让或免于资产评估的,由所属市管企业或受托管理的市管企业核准。

对赌条款及国有股权回购约定最为常见的场景即为股权投资领域,为此我们摘录了深圳、上海、珠海出台的关于国有创业投资企业转让所持投资标的股权的相关规定。从上述规定中可以看出,对于国有创业投资企业,仅限于其对投资的标的企业按照协议约定实施回购而触发的股权交易属于豁免进场交易及资产评估的特别事项。据此,我们认为,符合条件的国有创业投资企业在投资过程中作出的股权回购约定,在经相关核准程序的前提下,可以适用该等特别规定,通过协议约定回购价格并豁免进场交易程序,这对于国有创业投资企业通过回购实施退出提供了更加灵活的操作方式,也是避免国资退出可能引发争议的重要依据。

三 股权回购条款在司法判例中的表现

关于国有股权回购条款在司法争议案件中的表现及司法机关的核心观点，经检索我们选取了以下近期案例（见表28）作为代表。

表28 国有股权回购条款相关案例

案号	争议焦点	效力	核心司法观点
(2021)京民终794号	《投资合同》中关于股权回购的约定是否有效。	有效	吉林投资公司作为国有金融企业，有权按照《投资合同》中约定的股权回购方式退出其对目标公司的投资。《投资合同》未违反法律、行政法规的强制性规定，合法有效。
(2019)辽02民初780号	案涉《增资协议》《补充协议》《合作协议》所涉股权回购条款是否有效。	有效	首先，《企业国有资产法》第54条、第55条虽规定了国有资产转让所履行的程序，但并未规定未履行相应程序即导致合同无效。而《企业国有资产交易监督管理办法》系部门规章，不属于法律、行政法规，对其规定的违反不能导致合同的无效。其次，《增资协议》签订之时虽未经过评估而直接确定股权回购价格，但原告精石文化公司依据《增资协议》向大白鲸公司增资为3000万元，在触及股权回购条款后，张某英个人履行股权回购义务所确定的回购价格除了精石文化公司投入的本金3000万元以外，还包括10%的年息，该年息高于中国人民银行同期贷款利率，即只要张某英履行股权回购义务，则不会出现国有资产低价出让或贬值的情形，自然不存在国有资产流失的情形，因此不属于因损害国家利益导致股权回购条款无效的情形。最后，国有企业利益受损不能代表社会公共利益受损，国有企业在法律主体上仍然是民事主体的一员，应遵循主体平等的民事原则，不存在地位的特殊性。综上，本院对二被告主张本案所涉协议的股权回购条款无效的抗辩意见，不予采纳。

续表

案号	争议焦点	效力	核心司法观点
(2020)粤01民终4286号	1. 协议约定在固定期限以固定价格回购粤科公司股权,是否名为投资实为借贷,是否属于以合法形式掩盖非法目的。 2. 粤科公司所持远信公司股权未通过产权交易所公开交易方式进行回购,回购约定是否有效。	有效	关于粤科公司可否要求凌远强、陈玉容、梁金花、远见企业直接回购的问题。……法律规定国有资产必须到产权交易所进行交易的主要目的是防止国有资产流失,现粤科公司在国有资产监管机构批准同意的情况下采用直接回购的方式亦能达到该目的。事实上,这一点从凌远强、陈玉容、梁金花和远见企业的抗辩及上诉亦可得到印证。因此,粤科公司可以要求凌远强、陈玉容、梁金花、远见企业直接回购涉案股份。
(2021)京02民终13186号	1. 空气动力研究院、航天高新公司、亦庄国投公司以及航天易联公司签订的《补充协议》是否有效。 2.《补充协议》项下的支付回购价款义务是否具备履行条件。	有效	空气动力研究院与亦庄国投公司签订的"对赌协议"并不违反我国法律及行政法规的强制性规定,双方当事人可以对回购价格进行约定。《企业国有资产交易监督管理办法》规定产权转让原则上通过产权市场公开进行,以上规定的主要目的是防止国有资产流失。但是,不能据此得出结论认为当事人不能提前对回购价格作出约定,也不能认为《补充协议》第1.2.2条关于回购价格的约定属于客观履行不能。 空气动力研究院与亦庄国投公司亦在《补充协议》中约定各方配合以符合国有资产管理相关法律法规的方式退出。鉴于亦庄国投公司要求空气动力研究院履行支付回购价款的义务,并未涉及股权转让手续的办理事项,且亦庄国投公司表示愿意配合空气动力研究院进场挂牌转让,故案涉《补充协议》项下回购款项的支付义务具备履行条件,空气动力研究院主张回购案涉股权应进场挂牌,一审判决在标的股权进场挂牌前,径行判决支付回购价款,违反国有资产处置程序的上诉理由不成立,本院不予支持。
(2020)粤03民终1693号	赵苏婷、赵玉和回购股权的条件是否已成就;天和中心请求赵苏婷、赵玉和回购股权应否适用除斥期间。	有效	天和中心有权在任何时间要求赵苏婷、赵玉和回购天和中心所持有的全部股权。上述约定内容不违反法律、行政法规的强制性规定,对各方当事人具有约束效力;原股东在约定触发条件成就时按照约定价格回购投资人持有的目标公司股权的约定实质上是约定在符合约定条件时双方再行进行股权转让的合意,涉案《增资协议》签订时《民法典》尚未实施,关于解除权除斥期间不能成立。

续表

案号	争议焦点	效力	核心司法观点
(2020)京03民终13060号	西南实业公司与圣佑公司签订的合同中关于转让西南交投公司股权的约定是否有效。	无效	西南实业公司转让其持有的西南交投公司的股权,属于国有资产转让,应当遵循《企业国有资产法》的相关规定,现西南实业公司对拟转让的资产未依法进行资产评估,也没有通过法定的交易场所和交易方式进行转让,违反了法律的强制性规定,西南实业公司与圣佑公司签订的合同中关于转让西南交投公司股权的约定应属无效。故西南实业公司请求圣佑公司受让其持有的西南交投公司股权并支付股权转让款,依据不足,本院不予支持。
(2020)京02民终1050号	北京森根比亚生物工程技术有限公司与北京市长城伟业投资开发总公司于2013年1月4日签订的北京雁栖经济开发区土地使用权及厂房转让合同、补充协议一、补充协议二是否有效。	无效	森根比亚公司与长城伟业公司签订的北京雁栖经济开发区土地使用权及厂房转让合同、补充协议一、补充协议二因未经当地国资管理部门批准,并未按照规定的程序完成评估、未在产权交易所公开进行,违反了法律的强制性规定,同时亦侵害了国有财产的权利,故双方签订的北京雁栖经济开发区土地使用权及厂房转让合同、补充协议一、补充协议二均应为无效合同。 在认定合同是否因违反法律、行政法规的强制性规定而无效时,应在考量强制性规定所保护的法益类型、违法行为的法律后果以及交易安全保护等因素的基础上认定其性质,进而根据具体情形认定合同效力。
(2021)最高法民申89号	防港集团与秉泰公司签订的《备忘录》《意向协议》是否有效。	无效	防港集团在转让所持有的防港晶源75.273%股权之前,已经私下与秉泰公司签订《备忘录》和《意向协议》,没有通过产权交易机构对外披露产权转让信息,公开征集受让方,并在与秉泰公司签订《备忘录》和《意向协议》后,按照双方协议约定启动评估、审批、进场挂牌公开交易等国有资产转让程序,实际上是以公开挂牌交易的形式掩盖了私下直接交易的目的,侵害了不特定主体同等条件下参与竞买的权利,损害了社会公共利益。因此,防港集团与秉泰公司签订的《备忘录》《意向协议》符合《合同法》(已废止)① 第52条第4项、第5项规定的情形,一、二审判决认定《备忘录》和《意向协议》无效。

注:①已废止,对应《民法典》第146条。

从上述案例中不难看出，关于国有股权回购/转让条款的效力在司法实践中存在不一致的表现，有效及无效的判决结果及其论证均自成体系，这让在协议中拟约定股权回购条款的当事方十分困惑。然而，我们注意到，在以上有限的案例中，判决为有效并获得了法院的支持的案例均以股权投资对赌为背景，其有效的理由包括但不限于未违反法律法规强制性规定、未损害国有资产利益、国有企业为民事主体应当给予平等对待；判决为无效的案例则以其他商业交易为背景，其无效的理由包括但不限于违反了法律法规强制性规定、以公开交易形式掩盖私下交易目的损害了其他第三方合法权益及社会公共利益。这与本节前文中涉及的部分地方政府出台的国有创业投资企业转让所持创业企业股权管理规定基本一致，如《深圳市属国有创业投资企业转让所持创业企业股权管理暂行规定》第3条规定，“除本规定第二条规定的情形外，国有创业投资企业转让所持有的股权（如转让持有的控股子公司、投资平台公司股权）和其他资产，按照《深圳市属企业国有产权变动监管规定》和《深圳市属国有企业资产评估管理规定》的相关规定执行”，即仅就国有创投机构开展股权投资业务过程中涉及的股权转让方可适用特别规定。

尽管数量有限，但结合以上裁判观点及规定，我们在此归纳推测得出一个大胆的结论：对于国资背景的投资机构在股权投资协议中约定的对赌条款下涉及的股权回购，在发生争议时，在相关约定不损害国有资产权益的基础上大概率能够获得司法机关支持，但对于国有企业在其他形式的商业交易中作出的股权回购或股权转让约定，若未约定进场交易或锁定了交易价格，则大概率不会被司法机关支持。

四　股权回购条款的合规性建议

基于前文，在交易文件中约定股权回购条款时，若为国有创投机构在股权投资活动中作出股权回购约定，则可基于一般股权投资交易惯例作出股权回购的对赌条款;若为其他交易背景,结合近期司法裁判观点及相关规定,我们建议在相关股权回购条款中注意以下事项,以最大限度地保障条款约定的有效性及可执行性。

(一)程序上应当要求进场交易,且不应直接或间接锁定交易价格

关于违反《企业国有资产法》及《企业国有资产交易监督管理办法》的约定是否属于违反强制性规定而认定无效的问题,北京市第二中级人民法院在(2020)京02民终1050号判决书中进行了详细论述:在认定合同是否因违反法律、行政法规强制性规定而无效时,应在考量强制性规定所保护的法益类型、违法行为的法律后果以及交易安全保护等因素的基础上认定其性质,进而根据具体情形认定合同效力。如在审判实践中,将带有一定行政管理目的的强制性规定一概认定为管理性规定,而忽视其在法益保护方面的重要意义,进而对违反强制性规定的行为效力不加规制地作出肯定性评价,则有可能导致矫枉过正的不利局面……在本案中,上述法律法规在监督管理、交易方式、交易场所等方面形成的规范性文件系统,并非仅基于行政管理目的,而是进一步包含了保护国有资产安全运行、维护市场秩序的重要意义。国家将国有资产的经营管理放权到国有企业,保证企业自治、市场公平,而在立法层面建立交易机制和规则作为保障国有资产安全的底线,以维护市场公平交易秩序、防范国有财产权益发生损害……综合考量前述强制性规定所保护的法益类型及本案具体违法情节,一审法院认定双方之间的合同无效,处理结果正确。这一裁判思路正符合《九民会议纪要》之要求,即人民法院在认定合同是否因违反法律、行政法规的强制性规定而无效时,要在考察规范性质、规范目的以及规范对象基础上,权衡所保护的法益类型、违法性程度以及交易安全等因素综合认定合同效力。违反规章、监管政策等规范性文件的合同,不应认定无效。因违反规章、监管政策同时导致违反公共秩序的,人民法院才能认定合同无效。人民法院在认定是否违反公共秩序时,可以从规范内容、监管强度以及法律后果等方面进行考量,并在裁判文书中进行充分说理。要尽可能通过类型化方法明确违反公共秩序的具体情形,严格限制因违反公共秩序认定合同无效的范围,提高规则的稳定性、可预期性。据此,在约定股权回购或股权转让条款时,应当明确约定需遵守国资监管规定进行进场交易。

在进场交易的基础上，为进一步保障国资利益、避免发生进场交易时流拍或交易价格低于投资成本的情况，协议中往往会约定摘牌价格或评估价格不低于某一数值，对于该等约定，在(2021)最高法民申 89 号案件中，股权投资方与回购方通过共同遴选审计机构、评估机构等方式锁定回购价格，通过提前支付股权回购款定金、履约保证金等方式锁定回购方，同时协议约定按照双方确认的评估价格履行内部决策流程并以此作为挂牌底价，最高人民法院认为"防港集团在转让所持有的防港晶源 75.273% 股权之前，已经私下与秉泰公司签订《备忘录》和《意向协议》，没有通过产权交易机构对外披露产权转让信息，公开征集受让方，并在与秉泰公司签订《备忘录》和《意向协议》后，按照双方协议约定启动评估、审批、进场挂牌公开交易等国有资产转让程序，实际上是以公开挂牌交易的形式掩盖了私下直接交易的目的，侵害了不特定主体同等条件下参与竞买的权利，损害了社会公共利益"，我们认为对于该等提前约定，锁定价格是构成"以公开挂牌交易形式掩盖私下直接交易"的核心要素，据此，在股权回购条款约定中，应当避免约定交易价格不低于评估价或评估价不低于某一数值的情形。

(二)约定参与公开交易的义务及明确摘牌者为第三方时各方权利义务安排

进一步来说，在约定进场交易及无法锁定价格的情况下，股权回购条款一般会约定回购义务方参与公开竞拍的义务及对应的违约责任，此时需要考虑的另外一个问题为，若公开交易时国有股权被其他第三方竞拍所得，则股权回购条款当何去何从?《民法典》第 557 条规定："有下列情形之一的，债权债务终止：(一)债务已经履行……"若股权被第三方竞拍，则原股权回购条款将因债务被第三方履行而归于终止，则回购权利主体将无法再要求回购义务人履行回购义务，那么股权回购条款中应当明确对该等情形进行约定，例如要求股权回购义务方承担最终交易价格与某一约定价格之间的差额补偿义务。

综上，国有股权回购条款是保障国有资本有效退出及保值增值的重要方式，除国有创投机构在股权投资过程中依据交易惯例作出股权对赌约定外，在其他交易背景下的国有股权回购条款仍应当明确进场交易程序，且不应提前直接或间接锁定交易价格,同时明确约定第三方摘牌后的权利义务安排。

第七节 企业国有产权无偿划转法律问题

在对企业国有产权的管理过程中,国有资产监督管理机构或国有企业经常基于政策调整、资源整合、行业发展和统一监管等需要,以无偿划转的方式对国有企业产权结构进行调整。自2005年至今,我国颁布了一系列企业国有产权无偿划转的法规和规章,逐步建立起相对完善的制度体系。但在无偿划转实务中,不少问题仍存在不同做法和观点,因此,对企业国有产权无偿划转过程中的疑难问题进行梳理和分析,对于企业国有产权无偿划转法律法规的正确适用及国有资产的保值增值意义重大。现根据相关法律法规,结合实务中的做法及笔者的法律服务经验,就企业国有产权无偿划转所涉及的重要实务问题进行分析与梳理。

一 国有产权无偿划转的概念

(一)国有产权概念解析

《企业国有产权无偿划转管理暂行办法》《企业国有产权无偿划转工作指引》《关于促进企业国有产权流转有关事项的通知》等有关国有产权无偿划转的特别规定均提出了“国有产权”的概念,但上述规定并未单独对“国有产权”的内涵予以定义。根据《企业国有产权无偿划转管理暂行办法》第21条[1]的规定,严格意义上“国有产权”并不包含“企业实物资产”,而仅指企业产权。

《企业国有资产法》及《企业国有资产监督管理暂行条例》等有关国有资产的

[1] 《企业国有产权无偿划转管理暂行办法》第21条规定:企业实物资产等无偿划转参照本办法执行。

法律法规中并未使用“国有产权”的概念,而是使用了“国有资产”的概念。《企业国有资产法》中将“国有资产”定义为“国家对企业各种形式的出资所形成的权益”[1];《企业国有资产监督管理暂行条例》对此进一步解释为“国家对企业各种形式的投资和投资所形成的权益,以及依法认定为国家所有的其他权益”[2]。而《企业国有资产交易监督管理办法》中将国有资产交易分为“企业产权转让”“企业增资”“企业资产转让”三种类型,由此将国有资产分为企业产权和实物资产。因此,我们可以认为国有资产的概念中包含企业产权和企业实物资产。

结论:企业国有产权无偿划转特别规定《企业国有产权无偿划转管理暂行办法》中的国有产权的概念从严格意义上说仅包含“企业产权”,不包含“企业实物资产”,但“企业实物资产”的无偿划转仍适用该规定。因此,在一定程度上,我们亦可以认为,在无偿划转法律适用层面,国有产权的概念外沿包含实物资产。

(二)除企业产权之外其他资产的界定

《企业国有产权无偿划转管理暂行办法》第21条关于参照该办法执行的除企业产权之外的其他资产范围采用“企业实物资产等”的非完整列举的表述方式,这在实践中容易引发疑义。从会计角度讲,实物资产包括存货和固定资产等有形资产。那么其他一些无形资产、知识产权、债权及其他合同权益等非实物资产的无偿划转是否也适用《企业国有产权无偿划转管理暂行办法》等相关规定呢?对此,笔者认为,从广义上讲,国有资产(产权)包括企业持有的股权以及固定资产、无形资产、知识产权、债权、合同权益等资产。一些地方关于国有产权变动的相关规定均涵盖了广义上的国有资产(产权)的范围,[3]在实务中也存在无偿划转知

---

[1] 《企业国有资产法》第2条规定:本法所称企业国有资产(以下称国有资产),是指国家对企业各种形式的出资所形成的权益。

[2] 《企业国有资产监督管理暂行条例》第3条规定:本条例所称企业国有资产,是指国家对企业各种形式的投资和投资所形成的权益,以及依法认定为国家所有的其他权益。

[3] 如《深圳市属国有企业产权变动监管办法》第2条规定:本办法适用于深圳市人民政府国有资产监督管理委员会(以下简称市国资委)及其直接履行出资人职责的国有独资企业、国有独资公司和国有控股公司(以下统称直管企业)及其所属各级全资、控股企业(直管企业及其所属全资、控股企业以下统称企业)国有产权变动行为,包括:(一)市国资委、企业持有的股权以及固定资产、无形资产、知识产权、债权、合同权益等资产通过转让或无偿划转方式进行处置的……

识产权、债权或其他合同权益的情况。因此，企业产权之外其他资产包括无形资产、知识产权、债权或其他合同权益等，均可以作为无偿划转的标的资产。

(三) 无偿划转

根据《企业国有产权无偿划转管理暂行办法》第 2 条、第 3 条之规定，企业国有产权无偿划转，是指国有产权在政府机构、事业单位、国有独资企业、国有独资公司、各级国资委履行出资人职责的企业及其子企业之间的无偿转移。

需要注意的是，根据《上市公司国有股权监督管理办法》的规定，上市公司国有股权无偿划转不受《企业国有产权无偿划转管理暂行办法》的调整，而是按照特别法《上市公司国有股权监督管理办法》的规定执行。

二 国有产权无偿划转适用的法律法规

(一) 企业国有产权无偿划转的规定

2005 年 8 月 29 日，国资委发布了《企业国有产权无偿划转管理暂行办法》，对企业国有产权无偿划转行为进行了规范，规定了企业国有产权无偿划转的适用范围、划转程序、审批机构等重大问题。2009 年 2 月 16 日，针对中央企业国有产权无偿划转行为的管理和规范问题，国资委发布了《企业国有产权无偿划转工作指引》，对中央企业国有产权无偿划转实操进行指引。2014 年 7 月 11 日，国资委发布《关于促进企业国有产权流转有关事项的通知》，将企业国有产权无偿划转的适用范围扩大到国有全资企业，即全部由国有资本形成的企业，进一步促进国家出资企业加快结构调整，优化产权配置。为推动国有经济布局优化和结构调整，助力企业实现高质量发展，加强国有资产交易流转管理，2022 年 5 月 16 日，国资委发布了《关于企业国有资产交易流转有关事项的通知》。

(二)股份有限公司国有股权无偿划转的规定

根据《企业国有产权无偿划转管理暂行办法》第3条的规定,[1]股份有限公司国有股权进行无偿划转不适用《企业国有产权无偿划转管理暂行办法》之规定,而应适用国家的特别规定。2007年6月30日,国资委与证监会联合发布《国有股东转让所持上市公司股份管理暂行办法》(已废止),对国有股东所持上市公司股份的无偿划转进行了专门规定。为适应经济的发展,2018年5月16日,国资委、财政部、证监会又出台了《上市公司国有股权监督管理办法》,废止了2007年印发的《国有股东转让所持上市公司股份管理暂行办法》(国资委、证监会令第19号),为上市公司国有股权变动行为提供了新的依据。

2018年11月19日国资委出台的《关于进一步明确非上市股份有限公司国有股权管理有关事项的通知》明确了对非上市股份有限公司的国有股权无偿划转行为的规范依据。该通知第2条规定,非上市股份有限公司的国有股权无偿划转,参照《企业国有产权无偿划转管理暂行办法》等规定执行。笔者认为,虽然《关于进一步明确非上市股份有限公司国有股权管理有关事项的通知》规定非上市股份有限公司的国有股权无偿划转参照《企业国有产权无偿划转管理暂行办法》等规定执行,但《企业国有产权无偿划转工作指引》、《关于促进企业国有产权流转有关事项的通知》及《关于企业国有资产交易流转有关事项的通知》作为《企业国有产权无偿划转管理暂行办法》的配套及补充规定,也应同时适用。

(三)企业境外国有产权无偿划转的规定

《企业国有产权无偿划转管理暂行办法》第20条规定:"企业国有产权无偿向境外划转及境外企业国有产权无偿划转办法另行制定。"根据该规定,企业国有产权无偿向境外划转以及境外企业国有产权无偿划转应适用有关特别规定,而不适用《企业国有产权无偿划转管理暂行办法》。直到2020年11月20日,国资委发布《关于进一步加强中央企业境外国有产权管理有关事项的通知》,首次明确

[1] 《企业国有产权无偿划转管理暂行办法》第3条规定:各级人民政府授权其国有资产监督管理机构(以下简称国资监管机构)履行出资人职责的企业(以下统称所出资企业)及其各级子企业国有产权无偿划转适用本办法。股份有限公司国有股无偿划转,按国家有关规定执行。

了企业国有产权无偿向境外划转及境外企业国有产权无偿划转的规定。《国资委关于进一步加强中央企业境外国有产权管理有关事项的通知》第4条第2款规定，“中央企业在本企业内部实施重组整合，境外企业国有产权在国有全资企业之间流转的，可以比照境内国有产权无偿划转管理相关规定，按照所在地法律法规，采用零对价、1元（或1单位相关货币）转让方式进行”。对于地方国有企业，《国资委关于进一步加强中央企业境外国有产权管理有关事项的通知》第9条规定，地方国有资产监督管理机构可以参照本办法制定所出资企业境外国有产权管理操作细则。上述规定适用范围统计见表29。

表29　国有产权无偿划转适用的法律法规统计

文件名称	发布机构	发布时间	效力	适用范围
《企业国有产权无偿划转管理暂行办法》	国资委	2005年8月29日	现行有效	企业国有产权在政府机构、事业单位、国有独资企业、国有独资公司之间的无偿转移，不适用于股份有限公司国有股无偿划转。
《国有股东转让所持上市公司股份管理暂行办法》	国资委、证监会	2007年6月30日	已废止	持有上市公司股份的国有及国有控股企业、有关机构、部门、事业单位等。
《企业国有产权无偿划转工作指引》	国资委	2009年2月16日	现行有效	中央企业及其子企业无偿划入（划出）企业国有产权。
《中央企业境外国有产权管理暂行办法》	国资委	2011年6月14日	现行有效	国资委履行出资人职责的企业及其各级独资、控股子企业（以下简称各级子企业）持有的境外国有产权管理。
《关于促进企业国有产权流转有关事项的通知》	国资委	2014年7月11日	现行有效	国有全资企业，即全部由国有资本形成的企业。

续表

文件名称	发布机构	发布时间	效力	适用范围
《上市公司国有股权监督管理办法》	国资委、财政部、证监会	2018 年 5 月 16 日	现行有效	上市公司国有股权变动行为，是指上市公司国有股权持股主体、数量或比例等发生变化的行为。
《关于进一步明确非上市股份有限公司国有股权管理有关事项的通知》	国资委	2018 年 11 月 19 日	现行有效	非上市股份有限公司的国有股权无偿划转。
《关于进一步加强中央企业境外国有产权管理有关事项的通知》	国资委	2020 年 11 月 20 日	现行有效	中央企业境外国有产权管理。
《关于企业国有资产交易流转有关事项的通知》	国资委	2022 年 5 月 16 日	现行有效	国家出资企业及其子企业的国有资产交易及流转。

三 国有产权无偿划转适用主体

（一）政府机构、事业单位、国有独资企业、国有独资公司

在《企业国有产权无偿划转管理暂行办法》颁布之前，国有产权无偿划转主要在政府机构、事业单位、全民所有制企业（国有独资企业）之间适用。《企业国有产权无偿划转管理暂行办法》对无偿划转的概念作出了明确规定，即“本办法所称企业国有产权无偿划转，是指企业国有产权在政府机构、事业单位、国有独资企业、国有独资公司之间的无偿转移”。根据《企业国有产权无偿划转管理暂行办法》的规定，无偿划转适用的主体包括“政府机构、事业单位、全民所有制企业（国有独资企业）、国有独资公司”。

（二）国有一人公司

作为《企业国有产权无偿划转管理暂行办法》的配套文件，国资委于 2009 年

颁布的《企业国有产权无偿划转工作指引》中又将无偿划转适用的主体扩大到“国有独资企业、国有独资公司、国有事业单位投资设立的一人有限责任公司及其再投资设立的一人有限责任公司（国有一人公司）”。

（三）国有全资企业

为促进国家出资企业加快结构调整，优化产权配置，降低改革成本，2014年《国资委关于促进企业国有产权流转有关事项的通知》发布，又将无偿划转适用的主体扩大到“全部由国有资本形成的国有全资企业”。

（四）国有控股、实际控制企业

根据前述规定，无偿划转的主体严格控制在“全部由国有资本形成的国有全资企业”之间，含有非国有成分的企业不能作为无偿划转的主体。为了更加适应市场经济的发展，推进国有控股企业的重组整合，提升国有经济布局优化和结构调整的效率和成本，2022年5月16日，《国资委关于企业国有资产交易流转有关事项的通知》将无偿划转的主体扩大“国有控股、实际控制企业”以及“国有控股、实际控制企业”直接、间接全资拥有的子企业。[1]

《国务院国有资产监督管理委员会关于企业国有资产交易流转有关事项的通知》虽然将无偿划转的适用主体扩展到了国有控股与实际控制企业，但《国务院国有资产监督管理委员会关于企业国有资产交易流转有关事项的通知》在各地国资监管中的执行程度不统一。诸如天津、厦门等地已经出台明确规定，将《国务院国有资产监督管理委员会关于企业国有资产交易流转有关事项的通知》关于比照适用无偿划转的内容纳入了当地的国资监管规定中。但部分地方国资监管机构目前尚未执行《国务院国有资产监督管理委员会关于企业国有资产交易流转有关事项的通知》关于比照适用无偿划转的相关规定。上述规定主体统计见表30。

---

〔1〕《国务院国有资产监督管理委员会关于企业国有资产交易流转有关事项的通知》第5条规定：国有控股、实际控制企业内部实施重组整合，经国家出资企业批准，该国有控股、实际控制企业与其直接、间接全资拥有的子企业之间，或其直接、间接全资拥有的子企业之间，可比照国有产权无偿划转管理相关规定划转所持企业产权。

表 30 目前可实施或比照实施无偿划转的主体统计

序号	无偿划转适用主体	依据
1	政府机构、事业单位、国有独资企业、国有独资公司	《企业国有产权无偿划转管理暂行办法》
2	国有独资企业、国有独资公司、国有事业单位投资设立的一人有限责任公司及其再投资设立的一人有限责任公司(国有一人公司)	《企业国有产权无偿划转工作指引》
3	国有全资企业	《关于促进企业国有产权流转有关事项的通知》
4	国有控股、实际控制企业 (可比照国有产权无偿划转管理相关规定划转所持企业产权,仅限该国有控股、实际控制企业与其直接、间接全资拥有的子企业之间,或其直接、间接全资拥有的子企业之间)	《关于企业国有资产交易流转有关事项的通知》

四 企业国有产权无偿划转审批主体

(一)一般规定

依据《企业国有产权无偿划转管理暂行办法》第 12 条[1]、第 13 条[2]、第 14 条[3]、第 15 条[4]的规定,企业国有产权无偿划转的具体批准权限有以下几点。

---

[1] 《企业国有产权无偿划转管理暂行办法》第 12 条规定:“企业国有产权在同一国资监管机构所出资企业之间无偿划转的,由所出资企业共同报国资监管机构批准。企业国有产权在不同国资监管机构所出资企业之间无偿划转的,依据划转双方的产权归属关系,由所出资企业分别报同级国资监管机构批准。”

[2] 《企业国有产权无偿划转管理暂行办法》第 13 条规定:“实施政企分开的企业,其国有产权无偿划转所出资企业或其子企业持有的,由同级国资监管机构和主管部门分别批准。”

[3] 《企业国有产权无偿划转管理暂行办法》第 14 条规定:“下级政府国资监管机构所出资企业国有产权无偿划转上级政府国资监管机构所出资企业或其子企业持有的,由下级政府和上级政府国资监管机构分别批准。”

[4] 《企业国有产权无偿划转管理暂行办法》第 15 条规定:“企业国有产权在所出资企业内部无偿划转的,由所出资企业批准并抄报同级国资监管机构。”

1. 企业国有产权在同一国资监管机构所出资企业之间无偿划转的，由所出资企业共同报国资监管机构批准。

2. 企业国有产权在不同国资监管机构所出资企业之间无偿划转，依据划转双方的产权归属关系，由所出资企业分别报同级国资监管机构批准。

3. 实施政企分开的企业，其国有产权无偿划转所出资企业或者子企业持有，由同级国资监管机构和主管部门分别批准。

4. 下级政府国有资产监管机构所出资企业国有产权无偿划转上级政府国资监管机构所出资企业或其子公司持有，由下级政府和上级政府国资监管机构分别批准。

5. 企业国有产权在所出资企业内部无偿划转的，由所出资企业批准并抄送同级国资监管机构。

（二）上市公司的相关规定

依据《上市公司国有股权监督管理办法》第 7 条、第 38 条，国有股东所持上市公司股份在本企业集团内部进行的无偿划转事项，由国家出资企业审核批准，其他情形由国有资产监督管理机构审核批准。

（三）特别规定

《国务院关于印发改革国有资本授权经营体制方案的通知》第 3 条第 1 项规定，国有资本投资、运营公司之间的非上市企业产权无偿划转事项，授权由国有资本投资、运营公司试点企业依法依规审核。

（四）豁免审批

依据《企业国有产权无偿划转管理暂行办法》第 19 条，下列无偿划转事项，可以依据中介机构出具的被划转企业上一年度（或最近一次）的审计报告或经国资监管机构批准的清产核资结果，直接进行账务调整，并按规定办理产权登记等手续。

1. 由政府决定的所出资企业国有产权无偿划转本级国资监管机构其他所出资企业的。

2. 由上级政府决定的所出资企业国有产权在上、下级政府国资监管机构之间的无偿划转。

3. 由划入、划出方政府决定的所出资企业国有产权在互不隶属的政府的国资监管机构之间的无偿划转。

4. 由政府决定的实施政企分开的企业,其国有产权无偿划转国资监管机构持有的。

5. 其他由政府或国资监管机构根据国有经济布局、结构调整和重组需要决定的无偿划转事项。

总而言之,由政府决定的无偿划转行为,视为已经取得了批准,无须再进行审批。前述规定总结情况见表 31。

表 31　国有产权无偿划转审批主体总结

情形		批准机构
一般情形	同一国资监管机构所出资企业之间	所出资企业共同报国资监管机构批准
	不同国资监管机构所出资企业之间	所出资企业分别报同级国资监管机构批准
	政企分开的企业	同级国资监管机构和主管部门分别批准
	下级划至上级	下级政府和上级政府国资监管机构分别批准
	所出资企业内部无偿划转	所出资企业批准并抄送同级国资监管机构
上市公司	国有股东所持上市公司股份在本企业集团内部进行的无偿划转事项,由国家出资企业审核批准,其他情形由国有资产监督管理机构审核批准	
特别规定	国有资本投资、运营公司之间的非上市企业产权无偿划转	授权由国有资本投资、运营公司试点企业依法依规审核
豁免审批	由政府决定的无偿划转行为	无须再进行审批

五 国有产权无偿划转流程

(一)依申请无偿划转

根据《关于企业国有资产交易流转有关事项的通知》第2章的规定,无偿划转应当履行下列程序。

1. 划转双方的可行性研究。企业国有产权无偿划转应当做好可行性研究,无偿划转可行性论证报告一般应当载明下列内容:(1)被划转企业所处行业情况及国家有关法律法规、产业政策规定;(2)被划转企业主业情况及与划入、划出方企业主业和发展规划的关系;(3)被划转企业的财务状况及或有负债情况;(4)被划转企业的人员情况;(5)划入方对被划转企业的重组方案,包括投入计划、资金来源、效益预测及风险对策等;(6)其他需说明的情况。

2. 划转双方内部决策。划转双方应当在可行性研究的基础上,按照内部决策程序进行审议,并形成书面决议。划入方(划出方)为国有独资企业的,应当由总经理办公会议审议;已设立董事会的,由董事会审议。划入方(划出方)为国有独资公司的,应当由董事会审议;尚未设立董事会的,由总经理办公会议审议。所涉及的职工分流安置事项,应当经被划转企业职工代表大会审议通过。

3. 划出方通知债权人并制订债务处置方案。划出方应当就无偿划转事项通知本企业(单位)债权人,并制订相应的债务处置方案。

4. 审计或清产核资。划转双方应当组织被划转企业按照有关规定开展审计或清产核资工作,以中介机构出具的审计报告或经划出方国资监管机构批准的清产核资结果作为企业国有产权无偿划转的依据。

5. 签署无偿划转协议。划转双方协商一致后,应当签订企业国有产权无偿划转协议。划转协议应当包括下列主要内容:(1)划入、划出双方的名称与住所;(2)被划转企业的基本情况;(3)被划转企业国有产权数额及划转基准日;(4)被划转企业涉及的职工分流安置方案;(5)被划转企业涉及的债权、债务(包括拖欠职工债务)以及或有负债的处理方案;(6)划转双方的违约责任;(7)纠纷的解决方式;(8)协议生效条件;(9)划转双方认为必要的其他条款。无偿划转事项按照本办法规定程序批准后,划转协议生效。划转协议生效以前,划转双方不得履行或者部分履行。

6. 划转双方外部批准。详见本节“四、企业国有产权无偿划转审批主体”。需要提示的是,根据《企业国有产权无偿划转管理暂行办法》第17条,企业国有产权无偿划转事项经批准后,划出方和划入方调整产权划转比例或者划转协议有重大变化的,应当按照规定程序重新报批。

7. 账务调整、产权登记。划转双方应当依据相关批复文件及划转协议,进行账务调整,按规定办理产权登记等手续。

(二)依决定无偿划转

如政府或国资监管机构决定无偿划转,与申请无偿划转相比,可免于实施可行性研究、内部决策、通知债权人并制订债务处置方案、签订无偿划转协议、审批等程序,即以中介机构出具的被划转企业上一年度(或最近一次)审计报告或经国资监管机构批准的清产核资结果为基础,直接进行账务调整、产权登记即可。

六 企业国有产权无偿划转中特殊问题的分析

(一)企业国有产权无偿划转与产权转让的区别

1. 企业国有产权无偿划转行政性特征较强。相较于有偿转让,无偿划转的经济性特征较弱,行政性特征较强,因此在企业国有产权的无偿划转中,所要求的主体条件及行政程序均更为严苛。

2. 企业国有产权无偿划转无须进行评估

《企业国有资产交易监督管理办法》第12条规定,“对按照有关法律法规要求必须进行资产评估的产权转让事项,转让方应当委托具有相应资质的评估机构对转让标的进行资产评估,产权转让价格应以经核准或备案的评估结果为基础确定"。由此可知,企业国有产权转让需按规定进行评估。

根据《企业国有产权无偿划转管理暂行办法》第9条[1]、《企业国有资产评估管理暂行办法》第7条[2]、《事业单位国有资产管理暂行办法》第39条[3],企业国有产权无偿划转以中介机构出具的审计报告或经划出方国资监管机构批准的清产核资情况作为企业国有产权无偿划转的依据,无须进行评估。

3. 企业国有产权无偿划转无须进场交易

根据《企业国有资产交易监督管理办法》,企业国有产权转让原则上应当进场交易。而企业国有产权无偿划转并非转让行为,其不适用《企业国有资产交易监督管理办法》关于企业国有产权转让进场交易的规定。《企业国有产权无偿划转管理暂行办法》《企业国有产权无偿划转工作指引》等无偿划转的专门法规也未明确要求进场交易。

(二)企业国有产权无偿划转行为的法律性质认定

在企业国有产权管理过程中,政府及其国资监管机构具有行政主管部门和履行出资人职责机构的双重属性,导致其依据有关行政法规作出的调整、划转企业国有资产决定的性质究竟为行政法律行为还是行使出资人权利的民事法律行为在实践中仍具有较大争议。目前理论和实践中均有两种不同的观点。

1. 观点一:由政府及其国资监管机构审批或决定的企业国有产权无偿划转行为属于行政行为

实践中,无偿划转行为往往是由政府或国资监管机构以"行政命令"的方式

---

[1] 《企业国有产权无偿划转管理暂行办法》第9条规定:"划转双方应当组织被划转企业按照有关规定开展审计或清产核资,以中介机构出具的审计报告或经划出方国资监管机构批准的清产核资结果作为企业国有产权无偿划转的依据。"

[2] 《企业国有资产评估管理暂行办法》第7条规定:"企业有下列行为之一的,可以不对相关国有资产进行评估:(一)经各级人民政府或其国有资产监督管理机构批准,对企业整体或者部分资产实施无偿划转;(二)国有独资企业与其下属独资企业(事业单位)之间或其下属独资企业(事业单位)之间的合并、资产(产权)置换和无偿划转。"

[3] 《事业单位国有资产管理暂行办法》第39条规定:"事业单位有下列情形之一的,可以不进行资产评估:(一)经批准事业单位整体或者部分资产无偿划转;(二)行政、事业单位下属的事业单位之间的合并、资产划转、置换和转让……"

决定，产权划出方、划入方基本处于被动接受的地位。如发生纠纷时该如何处理？在《企业国有产权无偿划转管理暂行办法》未出台之前，1996年发布的《最高人民法院关于因政府调整划转企业国有资产引起的纠纷是否受理问题的批复》（已废止）就明确规定，因政府及其所属主管部门在对企业国有资产调整、划转过程中引起的相关国有企业之间的纠纷，应由政府或所属国有资产管理部门处理。国有企业作为当事人向人民法院提起民事诉讼的，人民法院不予受理。当事人不服政府及其所属主管部门依据有关行政法规作出的调整、划转企业国有资产的决定，向人民法院提起行政诉讼，凡符合法定起诉条件的，人民法院应予受理。上述规定明确了无偿划转行为属于行政行为。而《最高人民法院关于审理与企业改制相关的民事纠纷案件若干问题的规定》（2020修正）亦明确了政府主管部门在对企业国有资产进行行政性调整、划转过程中发生的纠纷，当事人向人民法院提起民事诉讼的，人民法院不予受理。

最高人民法院在袁某叶、清远市经济发展总公司确认合同无效纠纷案［（2021）最高法民申74号］中认为，“经济总公司系全民所有制企业，受清远市人民政府直接管理，其资产属于国有资产，清远市人民政府对该股权转让行为具有决定权。本案股权转移是清远市人民政府批复产生的法律效果”，该裁定确认了无偿划转行为属于政府行政行为，而非民事行为。在中国东方资产管理公司武汉办事处与武汉市正达物流有限公司、武汉市武物机电设备有限公司、武汉市武物储运有限公司、武汉市机电设备总公司金融不良债权追偿纠纷案［（2015）鄂武汉中民商终字第00633号，（2017）鄂民再46号］中，法院引用了《最高人民法院关于因政府调整划转企业国有资产引起的纠纷是否受理问题的批复》（已废止）以及《最高人民法院关于审理与企业改制相关的民事纠纷案件若干问题的规定》，确认“武汉市物资储运总公司与武汉市机电设备总公司对本案所涉资产的调整、划转均是基于行政划拨审批文件，在法律上也已按照相关规定办理了人员、房产、土地等调整、变更登记手续。而武汉市物资局作为双方的上级主管部门当时应具有相应的行政管理职能，其调整、划转行为应属于履行行政管理职能，武汉市物资储运总公司取得武汉市机电设备总公司的涉案资产，系政府主管部门的行政行为。

其纠纷属于政府主管部门在对企业国有资产进行行政调整、划转过程中发生的纠纷,不属于法院民事案件受理范围”。

2. 观点二:由政府及其国资监管机构审批或决定企业国有产权无偿划转的行为属于民事行为

持有此观点的人认为,政府及其国资监管机构审批或决定企业国有产权无偿划转的行为主要是行使出资人权利的行为,系出资人处置企业国有产权的民事行为。最高人民法院在国富发展有限公司与广州市隧道开发公司、广州市市政园林工程管理中心债权人撤销权纠纷案[(2011)民申字第434号]中认为,市政园林局既作为行政管理机关负责市政园林方面的行政管理工作,又作为国有企业的出资人,履行出资人的职责。隧道公司转让股权是执行出资人的决定,而非执行行政决定。隧道公司转让其在华南路桥公司投资权益的行为系以明显不合理低价转让,对国富公司造成损害,国富公司可依法行使债权人撤销权。最高人民法院在吉林市中小企业信用担保集团有限公司、吉林市人民政府侵权责任纠纷案中作出(2012)民二终字第58号民事裁定认定,案涉划转行为虽经吉林市人民政府及相关部门批准,但就其实质来讲,仍然是吉林市国资委作为出资人处分华星公司财产的民事行为,由此引发纠纷应作为民事案件受理。

3. 笔者的观点

笔者认为,如将由政府或国资监管机构批准的企业国有产权无偿划转行为单纯认定为行政行为,在实践中将会产生诸多问题。比如当企业国有产权无偿划转行为损害债权人利益时,债权人将无法通过撤销该无偿划转行为的方式对自己的权利进行救济,这与《民法典》第538条[《合同法》(已废止)第74条]的规定相违背。虽然《最高人民法院关于因政府调整划转企业国有资产引起的纠纷是否受理问题的批复》(已废止)明确规定政府及其所属主管部门依据有关行政法规作出的调整、划转企业国有资产决定的行为属于行政行为。但该司法解释出台时我国刚开始从传统的计划经济体制向社会主义市场经济体制转变,该批复仍带有很强的计划经济的色彩,已经不适合我国现在的市场经济体制。笔者认为,在涉及第三方的利益时,不宜将无偿划转行为直接定性为政府行政行为,而应将其定性为民事行为,以保护第三人的合法利益。

(三)有限责任公司的国有产权无偿划转是否适用股东优先购买权的规定

有观点认为,依据《企业国有产权无偿划转管理暂行办法》第5条的规定,有限责任公司国有股权的划转,还应当遵循《公司法》的有关规定。依据《公司法》第71条[1],有限责任公司国有产权的无偿划转仍需要适用股东优先购买权。在(2019)桂1002民初2989号案件中,法院则认为无偿划转应按照公司章程和公司法的规定办理,即需要取得其他股东过半数同意并适用优先购买权的规定。

笔者认为,从法律规定上看,《企业国有资产法》第51条规定国有产权无偿划转是国有资产转让的除外情形,即国有产权无偿划转不属于《公司法》规定中"转让股权",因此自然也不应适用公司法关于股东优先购买权的相关规定。最高人民法院在(2017)最高法民终205号案件中直接认定国有资产划拨不适用关于股权转让的规定,[2]该裁判观点显然要比广西壮族自治区百色市右江区人民法院在(2019)桂1002民初2989号案件中的裁判观点更为权威。从另一方面看,无偿划转是国有产权在特定主体之间的调整,对划入方的主体资格有严格的限制,其他股东很难具备同等的特殊主体条件,且无偿划转无交易对价,其他股东不可能以"无偿"的"同等条件"受让,否则将导致国有资产流失。因此,其他股东并不具备行使优先购买权的条件。假设认定有限责任公司国有产权的无偿划转仍需要适用股东优先购买权的规定,这将使得有限责任公司国有产权的无偿划转的制度运行失灵。因此,笔者认为,不论是从法律规定的角度分析还是从国有产权无偿划转制度的目的和实操角度分析,都不宜认定有限责任公司的国有产权无偿划转适用股东优先购买权的规定。

---

[1] 《公司法》第71条规定:有限责任公司的股东之间可以相互转让其全部或者部分股权。经股东同意转让的股权,在同等条件下,其他股东有优先购买权。两个以上股东主张行使优先购买权的,协商确定各自的购买比例;协商不成的,按照转让时各自的出资比例行使优先购买权。

[2] 天津鑫茂鑫风能源科技有限公司与甘肃汇能新能源技术发展有限责任公司、甘肃酒泉汇能风电开发有限责任公司股权转让纠纷案[(2017)最高法民终205号],该案中最高人民法院认为,甘肃汇能公司系基于甘肃电力集团的决定对国有资产进行划拨,故该股权划转行为不应当适用关于股权转让的规定,该股权划转行为不应当适用关于股权转让股东优先购买权的规定。

笔者注意到，一些地方国资委的规定要求有限责任公司的国有产权无偿划转需按《公司法》和公司章程规定征得被无偿划转的企业其他股东同意。如上海市自2021年1月1日起实施的《上海市企业国有产权无偿划转管理办法》第10条第3款规定："划转标的为公司制企业部分股权的，应按《中华人民共和国公司法》和公司章程规定征得被无偿划转企业其他股东同意。"根据《公司法》的规定，在股权转让时，其他股东行使股权转让的同意或否决权只是第一步，接下来其他股东还可以在同意转让的基础上选择是否行使优先购买权。因此，从表述上看，上海市国资委的规定并没有明确要求有限责任公司的国有产权无偿划转适用股东优先购买权，仅明确要求"征得其他股东同意"。基于无偿划转的划出方和划入方要么均系国有全资主体，要么双方之间具有全资持股关系，因此实践中征得被无偿划转企业其他股东同意并不难。

针对各地对有限责任公司的国有产权无偿划转是否适用股东优先购买权的规定可能存在不同理解的情况，笔者建议，国有企业在对外投资时，要在合资协议及公司章程中对股权转让条款作出特别约定，要求公司及其他股东在国有股东将所持股权无偿划转至其他主体时应当予以配合并放弃行使优先购买权，同时出具同意此交易的股东会决议等决策文件。合资协议还应明确公司及其他股东在不予配合情况下的违约责任。

（四）企业国有产权无偿划转与债权人关系问题

1. 一般债权人的情形

国有产权无偿划转不同于支付合理对价的正常财产转让行为，无偿划转完成后，客观上将导致国有产权划出方资产减少进而偿债能力下降，存在损害国有产权划出方债权人利益的可能，产生国有资产管理与债权人合法权益保护的矛盾。若国有产权划出方出现资不抵债、偿付能力严重下降导致无法足额清偿债务等情形，可能会引发一系列的纠纷。故《企业国有产权无偿划转管理暂行办法》规定，划出方应当就无偿划转事项通知本企业（单位）债权人，并制订相应的债务处置方案。从《企业国有产权无偿划转管理暂行办法》的规定来看，划出方应当就无偿划转事项通知本企业（单位）债权人，这在实践中并没有异议。问题的关键在于,在未取得债权人同意的情况下,无偿划转行为会产生何种法律后果?

(1)未经债权人同意的无偿划转,对债权人造成损害的,债权人是否有权申请人民法院撤销该无偿划转行为?

该问题的答案与企业国有产权无偿划转行为的法律性质认定有关。在国富发展有限公司与广州市隧道开发公司、广州市市政园林工程管理中心债权人撤销权纠纷案[(2011)民申字第434号]中,二审法院广东省高级人民法院认为,"隧道公司将其对西朗公司的相关投资权益转让予净水公司,是其作为国有企业执行市政园林局作出的旨在加强国有资产管理和经营的行政指令的行为,不属于《合同法》第74条[1]规定的可予撤销的行为",驳回了国富公司的撤销请求。也就是说,如果认定企业国有产权无偿划转行为属于单纯的行政管理行为,那债权人即使因此而受到了损害,也不享有撤销权。然而,广东省高级人民法院在再审判决中推翻了二审判决的观点,认为,"隧道公司转让股份是执行出资人的决定,而非执行行政决定,换言之,隧道公司即使不服,亦不可向市政园林局提起行政诉讼。因此隧道公司根据市政园林局的决定转让西朗公司股权的行为属于民事行为,应受《合同法》(已废止)等民事法律规范调整,不能以隧道公司执行行政指令为由免除其民事责任。二审判决认定本案股权转让性质为国有企业执行行政机关行政指令不当,予以纠正"。但广东省高级人民法院在再审案件中仍以债权人国富公司"没有证据证明当时隧道公司经营困难及因本案股权转让造成债务超过其资产而不能清偿国富公司的债务的情形"为由驳回了债权人的撤销请求。最高人民法院在提审此案时,维持了"隧道公司根据市政园林局的决定转让西朗公司股权的行为属于民事行为"的观点,同时明确了在国有产权无偿划转案件中债权人撤销权的形式要件:(1)根据《合同法》第74条规定,无偿转让财产属于可予以撤销的债务人行为之一,国有产权无偿划转属于无偿转让财产的行为;(2)《合同法》第74条并没有将主观上是否存在恶意作为撤销权的成立要件之一,故无须对产权划出方与划入方是否存在主观恶意进行评判;(3)需判断国有产权无偿划转

---

〔1〕 已废止,对应《民法典》第538条,下同。

是否对债权人造成损害。

《民法典》第538条[1]承继了《合同法》第74条的相关规定,未经债权人同意的无偿划转,对债权人造成损害的,债权人可以依据该规定请求人民法院撤销债务人的行为。

(2)未经债权人同意的国有产权无偿划转行为,若对债权人造成损害的,债权人是否有权要求国有产权划入方就国有产权划出方的债务在接收产权范围内承担赔偿责任?

无偿划转行为对债权人造成损害的,如债权人未依据《民法典》第538条行使撤销权或撤销权无法行使时,债权人是否还有其他救济路径?在抚宁县新兴包装材料厂、抚宁公有资产经营有限公司与抚宁县农村信用合作联社、秦皇岛远东石油炼化有限公司、秦皇岛骊骅淀粉股份有限公司借款担保合同纠纷二审案[(2006)民二终字第236号]中,因债务担保人新兴材料厂承担保证责任前将其持有的骊骅公司的股权无偿转让给了公有资产公司(根据抚宁县国有资产管理办公室下发文件进行无偿划转),债权人要求划入方公有资产公司对远东石油公司所欠债务与新兴材料厂承担连带责任。最高人民法院在终审判决中认为:"由于企业的所有财产是对其全部债务的一般担保,新兴材料厂在承担保证责任期间,将其持有的骊骅公司的股权无偿转让给公有资产公司的行为,事实上造成了新兴材料厂对债权人进行担保的法人财产的减少。而且无论是新兴材料厂无偿转让资产,还是公有资产公司无偿受让并出售资产,均未对担保人新兴材料厂原有的债务进行处理,也未征得债权人事先同意或者事后认可。该财产转让行为侵犯了债权人抚宁农信联社的权利,客观上造成了金融债权的落空。因此,原审判决公有资产公司在其无偿受让并出售骊骅公司62.09%的股权所得价款范围内与新兴材料厂共同承担连带责任,并无不当。"

在吉林市中小企业信用担保集团有限公司、中国长城资产管理股份有限公司

[1] 《民法典》第538条规定:债务人以放弃其债权、放弃债权担保、无偿转让财产等方式无偿处分财产权益,或者恶意延长其到期债权的履行期限,影响债权人的债权实现的,债权人可以请求人民法院撤销债务人的行为。

吉林省分公司侵权责任纠纷案[(2017)最高法民终181号]中,因华星公司作为债务人将案涉股权划转至中小企业担保公司后即进入破产程序。中国长城资产管理股份有限公司吉林省分公司要求其在无偿接收华星公司持有的华微公司2000万股股权受益范围内,就华星公司的债务本息承担连带偿还责任。最高人民法院在该案中对华星公司将案涉股权划转至中小企业担保公司的行为进行了大量的论述,认为中小企业担保公司配合华星公司逃避债务的行为违反了法律和规范性文件规定,违背公序良俗,具有侵犯他人财产权的主观过错,无偿划转案涉股权行为直接损害了华星公司债权人财产利益,本案应适用侵权责任法作为保护财产权益的补充手段,依据《民法通则》第106条[1]"公民、法人由于过错侵害国家的、集体的财产,侵害他人财产、人身的,应当承担民事责任"的规定,中小企业担保公司应当承担民事责任。值得注意的是,本案中,最高人民法院认定原审判决中小企业担保公司承担连带清偿责任的依据不足,理由是案涉股权的无偿划转具有国有企业改制背景,并且是在政府主管部门指导和批准后完成,中小企业担保公司作为国有出资设立的企业接受案涉股权,存在一定的被动性,不具有与华星公司通过意思联络共同侵犯他人财产权益的主观故意,故原审法院适用《民法通则》第130条[2]规定判令中小企业担保公司承担连带责任不当。最终,最高人民法院认定中小企业担保公司应承担相应的赔偿责任而非连带责任,并酌定其在无偿接收案涉股权80%的范围内承担相应的赔偿责任。

根据(2017)最高法民终181号案中最高人民法院的观点,未经债权人同意的无偿划转,对债权人造成损害的,债权人可以要求国有产权划入方就国有产权划出方的债务在接收产权的范围内承担相应赔偿责任。

2. 债权人为金融机构的情形

若债权人为金融机构,划出方在签订各类融资、借款合同及相关担保合同中往往会有"公司发生重大资产处置的,须经合同相对方同意""实际控制人或控股

---

〔1〕 已废止,对应《民法典》第176条。

〔2〕 已废止,对应《民法典》第1168条。

股东发生变更的,须经合同相对方同意”等类似约定,在进行无偿划转时划出方应当遵守当初签订的合同约定积极与债权人协调并取得其同意;若划转双方涉及担保事项,还需征得担保关系中债权人的同意,且极有可能需要根据债权人要求改变担保方式,否则将面临违约风险。

3. 划出方发行债券的情形

根据《银行间债券市场非金融企业债务融资工具管理办法》及《银行间债券市场非金融企业债务融资工具信息披露规则》等债券市场自律规则指引等相关规定,若划出方已发行了债券,在债务融资工具存续期间,如实施无偿划转并可能导致发行人(划出方)净资产减少单次超过最近一期经审计净资产的10%、丧失对重要子公司的实际控制权、拟进行重大资产重组等情形,应当召集债券持有人会议,及时、全面披露相关信息,且披露时间不晚于企业在证券交易所、指定媒体或其他场合公开披露的时间,并说明事项的起因、目前的状态和可能产生的影响。如未及时召开债券持有人会议审议无偿划转事项的,极有可能发生因债权人原因导致无偿划转被迫终止。若无偿划转事项在实施前未对债权人方面做足工作导致国有企业发生违约事项,则极有可能拉低企业信用评级。

无偿划转作为一项重要的国有资产调整方式,将在我国长期存在并持续在国有资产重组调整和国企改革中发挥重要作用。我国的企业国有资产无偿划转制度虽已较为完备,但因其是我们国有经济制度中的一种特殊性安排,随着社会主义市场经济的发展以及我们经济制度越来越与国际社会接轨,实践中的复杂多变以及部分制度不完备依然为企业适用无偿划转制度带来了诸多问题和挑战。就无偿划转实务中的一些疑难问题,笔者通过对相关法律法规的分析以及相关案例的梳理解读,并结合他人的一些有益观点,形成了一些自己的理解和判断,希望给大家提供一些有益的参考。

第八节　国有企业经营投资责任

国有企业在对外投资决策过程中如何兼顾决策效率及科学性,保障投资安全,防范因违规投资经营导致的法律风险,是国有企业经营过程中应当关注的重点问题。笔者通过梳理国家、广东省、海南省有关违规投资追责的规定,并结合纪检监察、审计部门通报的案例,给出初步合规建议,为国有企业对外投资提供参考。

一　国家、广东省、海南省有关国企违规投资追责的主要规定

为规范国有企业经营投资行为,国家先后出台了《中共中央、国务院关于深化国有企业改革的指导意见》《国务院办公厅关于建立国有企业违规经营投资责任追究制度的意见》《中央企业投资监督管理办法》等一系列国资违规投资监管制度。2018 年国资委颁布了《中央企业违规经营投资责任追究实施办法(试行)》,2019 年,广东省印发《广东省省属企业违规经营投资责任追究实施办法(试行)》,深圳市国资委印发《深圳市属国有企业违规经营投资责任追究实施办法(试行)》,2021 年海南省印发《海南省国有企业违规经营投资责任追究实施办法》。前述规定对中央企业及地方国有企业违规经营投资责任追究工作中的责任追究范围、资产损失认定、责任认定、责任追究处理、责任追究工作职责、责任追究工作程序等内容进行了明确。

(一)"对外投资"的界定

关于对外投资的范围界定,国家和地方层面均有较为明确的规定。

《中央企业投资监督管理办法》第 2 条规定,本办法所称投资是指中央企业在

境内从事的固定资产投资与股权投资。

《广东省省属企业投资监督管理办法(试行)》第2条第2款规定,本办法所称投资是指省属企业及其下属企业在境内外从事的固定资产投资(包括基本建设、技术改造、设备购置、房地产投资等)、无形资产投资(包括专利权、非专利技术、商标权、土地使用权、特许权、探矿权、采矿权等)、股权投资(包括新设全资企业、合资合作、对出资企业追加投入、收购兼并等)和其他投资(包括证券、基金、信托、期货等金融衍生品投资、委托理财、债权投资等)。

《深圳市属国有企业投资管理暂行规定》第3条规定,本规定所称投资是指以现金、实物、有价证券或无形资产等实施投资的行为,包括设立公司、收购兼并、合资合作、对所出资企业追加投入等股权投资,基本建设、技术改造等固定资产投资,证券投资、期货交易等短期投资。

综上,结合《中央企业违规经营投资责任追究实施办法(试行)》对追责情形的认定范围,鉴于篇幅限制,笔者主要讨论分析固定资产投资、股权投资。

(二)对外投资追责情形

2016年国务院办公厅颁布实施的《关于建立国有企业违规经营投资责任追究制度的意见》第2条"责任追究范围"规定了固定资产投资方面和投资并购方面的责任追究范围;2018年,国资委在《中央企业违规经营投资责任追究实施办法(试行)》中进一步完善了固定资产投资方面和投资并购方面的责任追究情形,并增加了有关境外经营投资方面的责任追究情形;广东省、海南省有关投资追责的情形则基本与《中央企业违规经营投资责任追究实施办法(试行)》的规定保持了一致,主要分为固定资产投资方面、投资并购方面和境外经营投资经营方面的责任追究情形;而深圳市则在《中央企业违规经营投资责任追究实施办法(试行)》的基础上,对对外投资方面的责任追究情形进行了更细致、深入的规定。相关法律法规见表32。

表 32 对外投资追责情形

主要法律法规	《国务院办公厅关于建立国有企业违规经营投资责任追究制度的意见》	《中央企业违规经营投资责任追究实施办法(试行)》	《广东省省属企业违规经营投资责任追究实施办法(试行)》	《海南省国有企业违规经营投资责任追究实施办法》	《深圳市属国有企业违规经营投资责任追究实施办法(试行)》
固定资产投资方面的责任追究情形					
项目可研、尽职调查等前期工作	(1)未按规定进行可行性研究或风险分析。	(1)未按规定进行可行性研究或风险分析。	(1)未按规定进行可行性研究或风险分析。	(1)未按规定进行可行性研究或风险分析。	(1)未按规定进行可行性研究或风险分析,提供虚假资料进行可行性研究或干扰独立的可行性研究,盲目投资,以及尽职调查、法律审核等前期工作存在明显缺陷,致使投资项目亏损。
项目概算	(2)项目概算未经严格审查,严重偏离实际。	(2)项目概算未按规定进行审查,严重偏离实际。	(2)项目概算未按规定进行审查,严重偏离实际。	(2)项目概算未按规定进行审查,严重偏离实际。	(2)项目概算未按规定进行审查,严重偏离实际。
决策和审批程序	(3)未按规定履行决策和审批程序擅自投资,造成资产损失。	(3)未按规定履行决策和审批程序擅自投资。	(3)未按规定履行决策和审批程序擅自投资。	(3)未按规定履行决策和审批程序擅自投资。	(3)未按规定履行决策和审批程序擅自投资,通过化整为零等方式故意逃避监管或者违反市属国有企业投资监管及企业内部投资监管有关规定进行投资。

续表

主要法律法规	《国务院办公厅关于建立国有企业违规经营投资责任追究制度的意见》	《中央企业违规经营投资责任追究实施办法(试行)》	《广东省省属企业违规经营投资责任追究实施办法(试行)》	《海南省国有企业违规经营投资责任追究实施办法》	《深圳市属国有企业违规经营投资责任追究实施办法(试行)》
招标规范	(4)购建项目未按规定招标,干预或操纵招标。	(4)购建项目未按规定招标,干预、规避或操纵招标。	(4)购建项目未按规定招标,干预、规避或操纵招标。	(4)购建项目未按规定招标,干预、规避或操纵招标。	(4)购建项目未按规定招标,干预、规避或操纵招标。
情势变更时的投资调整	(5)外部环境发生重大变化,未按规定及时调整投资方案并采取止损措施。	(5)外部环境和项目本身情况发生重大变化,未按规定及时调整投资方案并采取止损措施。	(5)外部环境和项目本身情况发生重大变化,未按规定及时调整投资方案并采取止损措施。	(5)外部环境和项目本身情况发生重大变化,未按规定及时调整投资方案并采取止损措施。	(5)外部环境和项目本身情况发生重大变化,未按规定及时调整投资方案并采取止损措施,以及投资额超出预算20%以上,或原计划滞后两年以上实施,未按规定重新履行决策程序。
项目变更	(6)擅自变更工程设计、建设内容。	(6)擅自变更工程设计、建设内容和追加投资等。	(6)擅自变更工程设计建设内容和追加投资等。	(6)擅自变更工程设计建设内容和追加投资等。	(6)越权或未按规定程序审批,擅自变更工程设计建设内容和追加投资等。

续表

主要法律法规	《国务院办公厅关于建立国有企业违规经营投资责任追究制度的意见》	《中央企业违规经营投资责任追究实施办法(试行)》	《广东省省属企业违规经营投资责任追究实施办法(试行)》	《海南省国有企业违规经营投资责任追究实施办法》	《深圳市属国有企业违规经营投资责任追究实施办法(试行)》
项目管理	(7)项目管理混乱,致使建设严重拖期、成本明显高于同类项目等。	(7)项目管理混乱,致使建设严重拖期、成本明显高于同类项目。	(7)项目管理混乱,致使建设严重拖期、成本明显高于同期同类项目。	(7)项目管理混乱,致使建设严重拖期、成本明显高于同类项目。	(7)项目管理混乱,致使建设严重拖期、成本明显高于同类项目,或发生重大安全、质量问题,未及时采取有效措施。
投资项目类型		(8)违反规定开展列入负面清单的投资项目。	(8)违反规定开展列入负面清单的投资项目。	(8)违反规定开展列入国家和海南自由贸易港有关负面清单的投资项目。	(8)违反规定开展列入负面清单的投资项目。
资产管理					(9)对房屋建筑物、机器设备、运输设备、原材料在产品、产成品等实物资产保管不当、维护不善,造成非正常毁损、报废或者丢失、被盗。

续表

<table>
<tr><th>主要法律法规</th><th>《国务院办公厅关于建立国有企业违规经营投资责任追究制度的意见》</th><th>《中央企业违规经营投资责任追究实施办法(试行)》</th><th>《广东省省属企业违规经营投资责任追究实施办法(试行)》</th><th>《海南省国有企业违规经营投资责任追究实施办法》</th><th>《深圳市属国有企业违规经营投资责任追究实施办法(试行)》</th></tr>
<tr><td colspan="6">投资并购方面的责任追究情形</td></tr>
<tr><td>尽职调查、可研、风险分析等前期工作</td><td>(1)投资并购未按规定开展尽职调查,或尽职调查未进行风险分析等,存在重大疏漏。</td><td>(1)未按规定开展尽职调查,或尽职调查未进行风险分析等,存在重大疏漏。</td><td>(1)未按规定开展尽职调查,或尽职调查未进行风险分析等,存在重大疏漏。</td><td>(1)未按照规定开展尽职调查,或尽职调查未进行风险分析等,存在重大疏漏。</td><td>(1)未按规定开展尽职调查、可行性研究,提供虚假资料进行可行性研究,或尽职调查未进行风险分析、法律审核等,存在重大疏漏。</td></tr>
<tr><td>财务审计和估值</td><td rowspan="2">(2)财务审计、资产评估或估值违反相关规定,或投资并购过程中授意、指使中介机构或有关单位出具虚假报告。</td><td>(2)财务审计、资产评估或估值违反相关规定。</td><td>(2)财务审计、资产评估或估值违反相关规定。</td><td>(2)财务审计、资产评估或估值违反相关规定。</td><td>(2)财务审计、资产评估或估值违反相关规定。</td></tr>
<tr><td>中介机构报告独立性</td><td>(3)投资并购过程中授意、指使中介机构或有关单位出具虚假报告。</td><td>(3)投资并购过程中授意、指使中介机构或有关单位出具虚假报告。</td><td>(3)投资并购过程中通过授意、指使等方式操纵中介机构或有关单位出具虚假报告及法律意见书等。</td><td>(3)未按规定选聘中介机构;投资并购过程中隐匿资产,提供虚假资料,授意指使、串通中介机构或有关单位出具虚假报告。</td></tr>
</table>

续表

主要法律法规	《国务院办公厅关于建立国有企业违规经营投资责任追究制度的意见》	《中央企业违规经营投资责任追究实施办法(试行)》	《广东省省属企业违规经营投资责任追究实施办法(试行)》	《海南省国有企业违规经营投资责任追究实施办法》	《深圳市属国有企业违规经营投资责任追究实施办法(试行)》
决策、审批和风险防范	(3)未按规定履行决策和审批程序,决策未充分考虑重大风险因素,未制定风险防范预案。	(4)未按规定履行决策和审批程序,决策未充分考虑重大风险因素,未制定风险防范预案。	(4)未按规定履行决策和审批程序,决策未充分考虑重大风险因素,未制定风险防范预案。	(4)未按照规定履行决策和审批程序,决策未充分考虑重大风险因素,未制定风险防范预案。	(4)未按规定履行决策和审批程序,决策未充分考虑重大风险因素,未制定风险防范预案。
禁止利益输送	(4)违规以各种形式为其他合资合作方提供垫资,或通过高溢价并购等手段向关联方输送利益。	(5)违反规定以各种形式为其他合资合作方提供垫资,或通过高溢价并购等手段向关联方输送利益。	(5)违反规定以各种形式为其他合资合作方提供垫资,或通过高溢价并购等手段向关联方输送利益。	(5)违反规定以各种形式为其他合资合作方提供垫资,或通过高溢价并购等手段向关联方输送利益。	(5)违反规定以各种形式为其他合资合作方提供垫资,或通过高溢价并购等手段向关联方输送利益。
法律文件条款设计	(5)投资合同、协议及标的企业公司章程中国有权益保护条款缺失,对标的企业管理失控。	(6)投资合同、协议及标的企业公司章程等法律文件中存在有损国有权益的条款,致使对标的企业管理失控。	(6)投资合同、协议及标的企业公司章程等法律文件中存在有损国有权益的条款,致使对标的企业管理失控。	(6)投资并购合同、协议及标的企业公司章程等法律文件中国有权益保护条款缺失或存在有损国有权益的条款,致使对标的企业管理失控。	(6)投资合同、协议及标的企业公司章程等法律文件中存在有损国有权益的条款,致使对标的企业管理失控。

续表

主要法律法规	《国务院办公厅关于建立国有企业违规经营投资责任追究制度的意见》	《中央企业违规经营投资责任追究实施办法(试行)》	《广东省省属企业违规经营投资责任追究实施办法(试行)》	《海南省国有企业违规经营投资责任追究实施办法》	《深圳市属国有企业违规经营投资责任追究实施办法(试行)》
价款支付	(6)违反合同约定提前支付并购价款。	(7)违反合同约定提前支付并购价款。	(7)违反合同约定提前支付并购价款。	(7)违反合同约定提前支付并购价款。	(7)违反合同约定提前支付并购价款。
投资后管理—标的企业整合		(8)投资并购后未按有关工作方案开展整合,致使对标的企业管理失控。	(8)投资并购后未按有关工作方案开展整合,致使对标的企业管理失控。	(8)投资并购后未按有关工作方案开展整合,致使对标的企业管理失控。	(8)投资并购后未按有关工作方案开展整合,致使对标的企业管理失控,或利用并购之机,非法转移国有资产。
投资后管理—行使股东权利	(7)投资参股后未行使股东权利,发生重大变化未及时采取止损措施。	(9)投资参股后未行使相应股东权利,发生重大变化未及时采取止损措施。	(9)投资参股后未行使相应股东权利,发生重大变化未及时采取止损措施。	(9)投资参股后未行使相应股东权利,发生重大变化未及时采取止损措施。	(9)投资参股后未行使相应股东权利,发生重大变化未及时采取止损措施。
投资项目类型		(10)违反规定开展列入负面清单的投资项目。	(10)违反规定开展列入负面清单的投资项目。	(10)违反规定开展列入国家和海南自由贸易港有关负面清单的投资项目。	(10)违反规定开展列入负面清单的投资项目。

续表

主要法律法规	《国务院办公厅关于建立国有企业违规经营投资责任追究制度的意见》	《中央企业违规经营投资责任追究实施办法(试行)》	《广东省省属企业违规经营投资责任追究实施办法(试行)》	《海南省国有企业违规经营投资责任追究实施办法》	《深圳市属国有企业违规经营投资责任追究实施办法(试行)》
境外经营投资方面的责任追究情形					
境外投资管理制度		(1)未按规定建立企业境外投资管理相关制度,导致境外投资管控缺失。	(1)未按规定建立企业境外投资管理相关制度导致境外投资管控缺失。	(1)未按规定建立企业境外投资管理相关制度,导致境外投资管控缺失。	(1)未按规定建立企业境外投资管理相关制度,导致境外投资管控缺失。
投资项目类型—投资禁止类项目		(2)开展列入负面清单禁止类的境外投资项目。	(2)开展列入负面清单禁止类的境外投资项目。	(2)开展列入国家和海南自由贸易港有关负面清单禁止类的境外投资项目。	(2)开展列入负面清单禁止类的境外投资项目。
项目投资类型—开展非主业投资或特别监管类境外项目		(3)违反规定从事非主业投资或开展列入负面清单特别监管类的境外投资项目。	(3)违反规定从事非主业投资或开展列入负面清单特别监管类的境外投资项目。	(3)违反规定从事非主业投资或开展列入国家和海南自由贸易港有关负面清单特别监管类的境外投资项目。	(3)违反规定从事非主业投资或开展列入负面清单特别监管类的境外投资项目,或存在国家、省、市明令禁止的其他境外经营投资行为。

续表

主要法律法规	《国务院办公厅关于建立国有企业违规经营投资责任追究制度的意见》	《中央企业违规经营投资责任追究实施办法(试行)》	《广东省省属企业违规经营投资责任追究实施办法(试行)》	《海南省国有企业违规经营投资责任追究实施办法》	《深圳市属国有企业违规经营投资责任追究实施办法(试行)》
风险评估		(4)未按规定进行风险评估并采取有效风险防控措施对外投资或承揽境外项目。	(4)未按规定进行风险评估并采取有效风险防控措施对外投资或承揽境外项目。	(4)未按照规定进行风险评估并采取有效风险防控措施对外投资或承揽境外项目。	(4)未按规定进行风险评估并采取有效风险防控措施对外投资或承揽境外项目。
不当经营		(5)违反规定采取不当经营行为,以及不顾成本和代价进行恶性竞争。	(5)违反规定采取不当经营行为,以及不顾成本和代价进行恶性竞争。	(5)违反规定采取不当经营行为,以及不顾成本和代价进行恶性竞争。	(5)违反规定采取不当经营行为,以及不顾成本和代价进行恶性竞争。
其他	前述条款等	(6)违反本章其他有关规定或存在国家明令禁止的其他境外经营投资行为的。	(6)违反本章其他有关规定或存在国家、省明令禁止的其他境外经营投资行为的。	(6)违反本章其他有关规定或存在国家和海南自由贸易港明令禁止的其他境外经营投资行为的。	

通过表32对比分析,国务院、广东省、海南省以及深圳市有关投资追责的情形,主要分为固定资产投资、投资并购和境外经营投资三大类,具体可细分为以下几种追责情形。

1. 投资前期工作:固定资产投资和投资并购方面的追责情形均涉及投资前的可研、尽职调查、风险分析评估与防范等前期工作,投资并购还涉及财务审计和资产评估或估值，追责情形包括未开展相关前期工作，以及虽然开展相关前期工作，但是提供虚假材料、弄虚作假或指使中介机构出具虚假报告等。深圳市对此作了进一步细化规定，固定资产投资中相关前期工作存在明显缺陷导致项目亏损的，也将被追责。

2. 投资决策：在投资决策上，固定资产投资和投资并购均要求投资主体按规定决策、审批，并且自 2018 年《中央企业违规经营投资责任追究实施办法（试行）》实施开始，未按规定投资决策、审批的，追责不再以"造成资产损失"为前提，即只要未按规定进行审批、决策的，均须追责；对于未按规定决策、审批的具体表现，深圳市作了较为细致的规定，除通常理解的未经决策、审批即进行投资外，还包括通过化整为零等方式故意逃避监管，以及越权决策、审批等。

3. 投资项目类型：固定资产投资、投资并购和境外投资的追责情形均有涉及，国有企业违反规定开展被列入负面清单的投资项目的，均将被追责。在实践中，部分地区的国资监管机构也会根据当地情况，编制所属国企的投资负面清单，对禁止类和特别监管类投资项目进行释明。

4. 投中/后管理：固定资产投资和投资并购中，投中/后管理也是国企违规投资追责的重点监管方向，其中固定资产投资方面的追责情形主要包括情况变化时的投资调整、项目变更、投资管理等，投资并购方面的追责情形主要包括交易文件、标的公司章程等法律文件的条款设计、投资款支付、对标的公司的管理等方面。需要注意的是，在法律文件条款设计缺陷导致对标的企业管理失控的追责方面，2016 年的《国务院办公厅关于建立国有企业违规经营投资责任追究制度的意见》中规定追责情形为"国有权益保护条款缺失"，而 2018 年的《中央企业违规经营投资责任追究实施办法（试行）》中则规定为"存在有损国有权益的条款"；广东省和深圳市的有关规定则与《中央企业违规经营投资责任追究实施办法（试行）》保持一致；海南省有关规定则结合了两者规定，即无论是因国有权益保护条款设计缺失还是因存在有损国有权益的条款，导致对标的企业管理失控的，均将被追责。

（三）资产损失认定

国务院、广东省、海南省、深圳市对于国有资产损失认定标准存在一些差异，具体规定见表33。

表33 资产损失认定

相关规定	《中央企业违规经常投资责任追究实施办法（试行）》	《广东省省属企业违规经营投资责任追究实施办法（试行）》	《海南省国有企业违规经营投资责任追究实施办法》	《深圳市属国有企业违规经营投资责任追究实施办法（试行）》
资产损失认定标准	第20条　中央企业违规经营投资资产损失500万元以下为一般资产损失，500万元以上5000万元以下为较大资产损失，5000万元以上为重大资产损失。涉及违纪违法和犯罪行为查处的损失标准，遵照相关党内法规和国家法律法规的规定执行。 前款所称的“以上”包括本数，所称的“以下”不包括本数。	第20条　省属企业违规经营投资资产损失分为一般资产损失、较大资产损失和重大资产损失。 （一）企业净资产10亿元以下的，资产损失金额100万元以下为一般资产损失，100万元以上1000万元以下为较大资产损失，1000万元以上为重大资产损失。 （二）企业净资产10亿元以上100亿元以下的，资产损失金额300万元以下为一般资产损失，300万元以上3000万元以下为较大资产损失，3000万元以上为重大资产损失。 （三）企业净资产100亿元以上的，资产损失金额500万元以下为一般资产损失，500万元以上5000万元以下为较大资产损失，5000万元以上为重大资产损失。	第20条　资产损失以损失资产价值（以人民币为单位）或对发生损失企业的影响程度为主要依据。资产损失分为一般资产损失较大资产损失、重大资产损失，按照下列绝对值或相对值孰低者进行认定。 （一）一般资产损失，是指单笔资产损失价值在500万元以下，或占发生损失企业责任认定年度上年末净资产1%以下； （二）较大资产损失，是指单笔资产损失价值在500万元以上1000万元以下，或占发生损失企业责任认定年度上年末净资产1%以上3%以下； （三）重大资产损失，是指单笔资产损失价值在1000万元以上，或占发生损失企业责任认定年度上年末净资产3%	第24条　企业资产损失按照金额大小和影响程度划分为一般资产损失、较大资产损失、重大资产损失和特别重大资产损失： （一）一般资产损失是指企业违规经营投资资产损失在500万元以下（以下均不含本数，下同），或在企业及社会造成一定不良影响的。 （二）较大资产损失是指企业违规经营投资资产损失在500万元以上（以上均含本数，下同）、1000万元以下，或在企业及社会造成较大不良影响的。 （三）重大资产损失是指企业违规经营投资资产损失金额在1000万元以上、2000万元以下，或在企业及社会造成重大不

续表

相关规定	《中央企业违规经常投资责任追究实施办法（试行）》	《广东省省属企业违规经营投资责任追究实施办法（试行）》	《海南省国有企业违规经营投资责任追究实施办法》	《深圳市属国有企业违规经营投资责任追究实施办法（试行）》
		前款所称“净资产”是指资产损失发生的上一年度省属企业集团经审计的合并报表所有者权益，所称“以上”包括本数，所称的“以下”不包括本数。企业发生投资经营损失导致无法持续经营的，无论金额大小，均应当认定为重大资产损失。	以上。损失金额虽然未达到上述标准，但损失后果严重，导致企业无法持续经营的，应当认定为重大资产损失。 企业净资产低于1000万元的按照1000万元计算。 以上绝对值或相对值表述中，“以下”不含本数，“以上”含本数。 涉及违纪违法和犯罪行为查处的损失标准，遵照相关党内法规和国家法律法规的规定执行。	良影响的。 （四）特别重大资产损失是指企业违规经营投资资产损失在2000万元以上，或影响企业持续经营和发展能力，在国际、国内造成特别严重不良影响的。 资产损失程度的划分，企业可以在上述规定标准内根据实际情况制定具体标准并报上级产权单位备案。 涉及违纪违法和犯罪行为查处的损失标准，遵照相关党内法规和国家法律法规的规定执行。
小结	以资产损失额为判断标准，区分一般、较大和重大资产损失； 违纪违法和犯罪行为的标准按有关规定执行。	以企业净资产为划分原则，设置不同损失额标准，区分一般、较大和重大资产损失； 规定企业无法持续经营的，均为重大资产损失。	以资产损失额和损失额占企业上年末净资产比重双重标准，择一确定损失程度，区分一般、较大和重大资产损失。	以资产损失额和损失对企业及社会所造成的影响程度为区分标准，分为一般、较大重大和特别重大资产损失。

资产损失的认定标准，国务院以资产损失额为判断标准，区分一般、较大和重大资产损失，而广东省、海南省和深圳市的有关规定还同时辅以其他标准：如广东省根据不同的企业规模（企业净资产情况），划分不同的损失额标准及损失程度；海南省与广东省规定类似，按损失额占企业净资产的比重划分损失程度；而深圳

市除考虑损失本身对企业的影响程度外，还将损失所造成的社会影响列入判断标准，并增加“特别重大资产损失”的情形。

（四）追责对象认定

经对比归纳，国务院、广东省、海南省对于追责对象包括直接相关人员、主管人员、企业领导、监督人员（见表34）。

表34 追责对象责任认定

责任分类	追责对象	责任认定
直接责任	直接相关人员	是指相关人员在其工作职责范围内，违反规定，未履行或未正确履行职责，对造成的资产损失或其他严重不良后果起决定性直接作用时应当承担的责任。 企业负责人存在以下情形的，应当承担直接责任： （1）本人或与他人共同违反国家法律法规、国有资产监管规章制度和企业内部管理规定。 （2）授意、指使、强令、纵容、包庇下属人员违反国家法律法规、国有资产监管规章制度和企业内部管理规定。 （3）未经规定程序或超越权限，直接决定、批准、组织实施重大经济事项。 （4）主持相关会议讨论或以其他方式研究时，在多数人不同意的情况下，直接决定批准、组织实施重大经济事项。 （5）将按有关法律法规制度应作为第一责任人（总负责）的事项、签订的有关目标责任事项或应当履行的其他重要职责，授权（委托）其他领导人员决策且决策不当或决策失误等。 （6）其他应当承担直接责任的行为。
主管责任	主管人员	是指相关人员在其直接主管（分管）工作职责范围内，违反规定，未履行或未正确履行职责，对造成的资产损失或其他严重不良后果应当承担的责任。
领导责任	企业主要负责人	是指企业主要负责人在其工作职责范围内，违反规定，未履行或未正确履行职责，对造成的资产损失或其他严重不良后果应当承担的责任。
分管领导责任	企业分管负责人	是指企业分管负责人在其职责范围内，未履行或者未正确履行分管工作职责，以及违反法律、法规和相关规定，对造成的资产损失或其他不良后果所应当承担的责任。
重要领导责任	企业主要负责人	是指企业主要负责人在其职责范围内，未履行或者未正确履行管理职责，以及违反法律法规和相关规定，对造成的资产损失或其他不良后果所应当承担的责任。

续表

责任分类	追责对象	责任认定
上级责任	上级企业经营管理有关人员	上一级企业有关人员应当承担相应责任的情形包括： (1)发生重大资产损失且对企业生产经营、财务状况产生重大影响的。 (2)多次发生较大、重大资产损失，或造成其他严重不良后果的。 除上一级企业有关人员外，更高层级企业有关人员也应当承担相应责任的情形包括： (1)发生违规违纪违法问题，造成资产损失金额巨大且危及企业生存发展的。 (2)在一定时期内多家所属子企业连续集中发生重大资产损失，或造成其他严重不良后果的。
集体责任	企业有关经营决策机构	企业有关经营决策机构以集体决策形式作出违规经营投资的决策或实施其他违规经营投资的行为，造成资产损失或其他严重不良后果的，应当承担集体责任，有关成员也应当承担相应责任。

(五)追责形式

根据规定，对相关责任人的追责形式包括组织处理、扣减薪酬、禁入限制、纪律处分、移送国家监察机关或司法机关等，可以单独适用，也可以合并适用。

1. 组织处理。包括批评教育、责令书面检查、通报批评、诫勉、停职、调离工作岗位、降职、改任非领导职务、责令辞职、免职等。

2. 扣减薪酬。扣减和追索相关责任人的绩效年薪或任期激励收入，终止或收回其他中长期激励收益，取消参加中长期激励的资格等。

3. 禁入限制。5 年直至终身不得担任国有企业董事、监事、高级管理人员。

4. 纪律处分。由相应的纪检监察机构查处。

5. 移送国家监察机关或司法机关处理。依据国家有关法律规定，将相关责任人移送国家监察机关或司法机关查处。

二　国企违规投资追责案例分析

据公开检索、收集相关案例，对违规投资主要情形进行如下分类。

（一）对外投资违反外部程序要求

国企对外投资的程序性要求可分类为审批、上报、办理非经营转经营手续等外部监督性要求和立项、内部审计、可行性论证等内部决策性要求。

案例：（2016）京 0108 刑初 2056 号

基本事实：2011 年 12 月，被告人刘某雨在担任石景山区某中心主任期间，在没有经过主管部门北京市石景山区某委员会审核和北京市石景山区财政局审批、没有进行必要的可行性论证的情况下，擅自决定以石景山区某中心的名义与某商贸公司合作经营美容等业务，为某商贸公司提供装修、经营场所、设备等。后因经营不善、未经上级主管机关批准、合作范围超出某中心业务范围等原因，双方于 2013 年 11 月终止合作。石景山区某中心因装修改造、赔付某商贸公司损失等，共造成损失人民币 1,639,155.78 元。

法院认为，首先，依据《石景山区卫生局财务制度》规定，卫生单位对外投资需要经过四个步骤，即投资意向批准立项，组织财务、审计、纪检等部门、专家或有资质的中介机构对可行性论证报告进行分析论证，上报卫生局、财政局审批，办理非经营转经营手续。反观石景山区某中心与某商贸公司的合作，在意向达成阶段，作为某中心主任的刘某雨未依规向上级汇报，仅凭其个人提议、班子会讨论即草率决定对外合作；在项目准备阶段，刘某雨既没有组织某中心制作书面的可行性论证报告，更没有按规定组织履行严格的可行性论证程序；上述情况均表明，刘某雨在某中心与某商贸公司合作过程中并未依法依规行使职权。

其次，在案证据显示，石景山区某中心在与某商贸公司开展合作时，未依规向石景山区卫生局、财政局申报审核，合作内容亦超出了某中心的经营范围，上级领导发现某中心的违规行为后勒令某中心终止合作、清退场地的要求，属于正常行使监督管理职责的行为；刘某雨未经法定程序擅自决定某中心开展对外合作，该行为从合作开始即将国家利益置于高风险之中，合作失败后，又擅自与合作对方某商贸公司签订协议，使用某中心资金、资产清退合作期间有关费用、弥补某商贸公司的经济损失，直接造成了国有资产损失、国家利益受损。

综上，刘某雨身为石景山某中心主任，违反有关规定，超越职权，未进行对外投资决策程序，擅自决定对外开展合作，因违规行为被勒令停止后，造成某中心损失特别重大，其行为被认定为国有事业单位人员滥用职权罪。

（二）对外投资违反内部程序要求

案例1：中冶集团国有资产重大损失案

2007年，中冶集团原党委书记、董事长杨某恒，原党委书记、副董事长王某民，原党委副书记、总经理沈某庭，原副总经理黄某，原总会计师李某钰，发展改革部原部长李某程等人，严重违反工作纪律，在中冶集团并购唐山恒通集团公司过程中，违规决策和操作，造成巨大经济损失。经中央纪委驻国资委纪检组研究，国资委党委建议给予杨某恒、王某民、沈某庭、李某钰、李某程开除党籍处分，并由有关中央企业按程序给予相应行政处理；黄某被开除党籍和公职，移送司法机关处理；参与董事会决策的其他董事未履行、未正确履行工作职责，违反工作纪律，给予党内警告处分。

案例2：驻马店市豫龙同力水泥有限公司原总经理张某违规决策案。2017年，驻马店市豫龙同力水泥有限公司原总经理张某在投资收购某水泥建材公司中，擅自决策以5500万元先定价后审计评估，造成国有资产损失765万余元，被依法移送司法机关追究刑事责任。

案例3：山东能源肥城矿业集团有限责任公司违规决策案。据中华人民共和国审计署2016年通报，山东能源肥城矿业集团有限责任公司原董事长孔某等人涉嫌违规决策造成国有权益损失问题：审计发现，2012年，孔某等人涉嫌违规决策，在未按规定进行资产评估的情况下，决定出资收购29个小煤矿，造成国有权益损失。2016年5月，审计署将此问题移送山东省国资委调查处理。2016年11月，山东省国资委纪委给予孔某留党察看1年处分，追缴孔某等2名责任人绩效工资45.4万元。

国有企业应当明确投资决策机制。各级投资决策机构对投资项目作出决策应当形成决策文件，所有参与决策的人员充分发表意见建议并记录存档。例如《深圳市属国有企业投资管理暂行规定》（2006修订）第4条规定，企业投资决策必须严格规范开展投资项目的可行性研究论证工作。直管企业内部应建立科学、民主、规范的投资决策规程。

(三)对外投资管理不当导致亏损

除程序性违规外,以管理不当为代表的内容性违规导致企业亏损同样是国企违规投资的常见情形。从审计署披露的情形看,既有违规事项导致的亏损,又有部分因为市场原因产生的亏损,两者在实践中边界较为模糊,但该领域共同的表现特征是项目未经充分调研论证、风险考虑不足,运营管理不善、未实现预期收益。

案例1:山西省交通运输厅所属企业对外投资违规案。据山西省审计厅通报,山西省交通运输厅所属太旧高速公司、交通信息通信公司对外投资管理不到位造成国有权益损失,有600万元的投资面临损失风险。2017年2月山西省交通运输厅党组织给予7名责任人警告、诫勉谈话、批评教育等处理处分。

案例2:厦门百城商贸公司资产流失案。据2018年厦门纪委通报,针对国企百城商贸公司因合同管理不严、业务操作不规范、资金风险防控不力等造成国有资产流失的问题,厦门市政集团纪委对存在失职行为的百城商贸公司董事长江某等7人分别给予诫勉处理、党内警告处分、停职处理等。

案例3:中国建材集团有限公司原副总经理黄某中涉嫌滥用职权造成国有资产损失案。据审计署2021年通报,审计发现,截至2014年12月,黄某中涉嫌滥用职权违规向民营企业提供资金,造成国有资金面临损失风险。2016年12月,审计署将此问题线索移送中央纪委调查。2020年10月,黄某中以贪污罪、受贿罪被判处有期徒刑8年,并处罚金80万元,追缴受贿犯罪所得。

由于国有企业的项目投资决策受多种因素影响,一些长期投资比较分散,存在投资效益较差、风险较大、资金使用率不高的问题。一些国有企业的对外投资存在"拍脑袋"决策现象,缺乏必要的可行性调查和科学论证,没有建立起规范有效的内部控制和监管体系,缺乏对国有企业对外投资的全过程控制。派出从事管理的人员责任意识不强,落实担保等规章制度不严格,在企业经营管理面临的形势出现重大变化时未能采取积极有效的措施,使得企业出现重大损失。在此方面,主管人员应尽职履行忠实勤勉义务和审慎义务,对投资事项进行充分论证、尽职把关,合理把控投资收益和市场风险,尽量避免因管理不善导致的投资亏损。

(四)对外投资徇私枉法、输送利益

该领域的违规表现形式呈现多样化特点,但其核心目的均为通过各种手段向亲友等利益相关方输送利益,导致国有资产流失。

案例:文山城投公司总经理毛某华违规出售国有股份案。据审计署通报,文山城投公司作为文山市国有大型骨干企业,以经营市政公共设施的投资建设、房地产开发等项目为主。总经理毛某华在城投春天项目上,没有走公开招投标程序,未经评估、未向上级部门报批、未履行招拍挂程序,违规将城投所投资的绿叶项目国有股份出售给了他的好友郭某某、周某、沈某某,将城投绿叶由国有全资项目变成国有参股项目,造成国有资产严重流失,被追究刑事责任。

从2018年至2022年中央及地方纪委、国家监委和审计署通报的涉及国有企业领导人员的案件中,可以看出当前国有企业领导人员存在违反中央八项规定精神的问题,同时也反映出监督仍然存在短板。特别是国有企业领导人员集企业的人、财、物大权于一身,如果监督机制不健全,监督乏力,部分领导人员就可能为所欲为。对此,应把加强党的领导和完善公司治理统一起来,将党建工作总体要求纳入国有企业章程,强化对国企领导人员的思想教育和日常管理监督,尤其要加大对领导班子成员的监督力度,促进国有经济持续健康发展。

三 国企投资合规建议

国有企业在对外投资决策过程中如何兼顾决策效率及科学性,保障投资安全,是国有企业面临的重要问题。国有企业对外投资常见的法律风险包括实际投资与年度投资计划不匹配,造成资金使用不合规;投前项目风险识别管控不足,投资项目不符合监管要求;可行性研究论证不到位,造成决策失误;内部决策程序不完整,造成审批程序不合规;投后管理不到位或纠纷未及时处理,造成国有企业损失等。投资合规是国有企业合规建设重要组成部分,也是不可忽视的重点。经我们梳理分析相关违规案例及法律规定后,给出以下建议。

(一)建立健全投资监管制度体系

1. 完善对外投资管理制度体系

明确公司章程在企业制度体系中的核心地位,充分发挥公司章程在企业治理中的基础作用,同时进一步完善企业投资管理制度。企业投资管理制度包括以下主要内容:投资应遵循的基本原则;投资管理流程、管理部门及相关职责;投资决策程序、决策机构及其职责;投资项目负面清单制度;投资信息化管理制度;投资风险管控制度;投资项目完成、中止、终止或退出制度;投资项目后评价制度;违规投资责任追究制度;对所属企业投资活动的授权、监督与管理制度等。

对于已有的对外管理投资制度应当及时根据最新政策规定及市场动态进行更新,系统梳理对外投资关键岗位、关键业务流程的风险点,明确必备条件与必经环节,对于内控制度体系缺失或存在缺陷的,及时补充制定。依据企业的业务开展现状对制度进行更新,并对制度文件的执行情况进行监督检查。

2. 构建经营责任体系

构建公司权责清晰、约束有效的经营投资责任体系。从职责划分角度,首先要明确各部门在对外投资过程中的职责与权限,根据实际需求配备相应的责任追究专职人员;从体系建设角度,应当按照不相容岗位职责分离等要求,逐步形成违规经营投资问题线索立案、核查、复核、追责等相互协调、相互制约的工作机制,确保责任追究工作的独立性和客观性。

(二)投资事前管理方面

1. 编制年度投资计划

企业应当根据自身发展战略和规划、主业方向编制年度投资计划,并与企业年度财务预算做好衔接,纳入全面预算管理。

2. "负面清单"限制

企业应当按照"投资负面清单"进行自查,确保投资方向不违反"投资负面清单"的要求。

3. 加强项目可行性研究论证

根据行业市场前景、政策背景，以投资项目实施的必要性、技术与经济可行性为主要内容，进行项目前期可行性研究论证工作，并编制投资项目可行性研究报告。

对于投资项目的可行性研究论证，应当贯穿项目融资、投资、管理、退出全过程，其中股权投资项目应开展必要的尽职调查，并按要求履行资产评估或估值程序。

4. 建立科学、民主、规范的投资决策规程

国有企业应根据国资监管规定等法律法规要求，建立健全投资决策流程制度，对投资项目作出投资决策的，应当形成决策文件，所有参与决策的人员所发表意见应记录存档以备查验。国企对外投资项目中应报经国资委或上级集团公司审批的项目，应当严格履行决策审批程序。

（三）投资事中管理方面

1. 健全投资协议条款

草拟投资协议时首先应充分考虑项目前期尽职调查时发现的风险点，制定对应的风险规避、权益保障、责任分配、退出机制条款。在投资协议洽谈过程中，也应当根据谈判情况及进展及时修改调整文本内容，为企业提供增信、兜底、承诺等保障性条款，在协议中落实风控措施。

2. 在投资项目开始实际实施、运营后，应当进行跟踪分析，针对外部环境如市场、行业波动，法律法规和政策更新调整以及项目本身情况发生变化，及时进行决策调整与再决策。如出现影响投资目的实现的重大不利变化时，应当充分考虑项目继续进行的必要性、风险程度，适时研究启动中止、终止或退出机制。

（四）投资事后管理方面

1. 投后管理也是降低投资风险不可忽视的一环，在投资后，企业应当做好对已投项目的持续跟踪与管理，跟踪项目发展情况、重大事项以及投资进度，建立健全风险预警机制；根据项目特性及实际需求设定个性化指标并进行实时监控，在跟踪过程中若发现重大权益变动、所投项目财务指标恶化、项目管理人员舞弊等

重大风险事项,及时进行风险提示并研究解决策略。

2. 对于已经完成的重大投资项目,应当定期进行抽查与项目后评价,形成后评价专项报告。通过项目后评价及时发现投资决策与项目履行过程中的缺陷与风险,进一步完善企业投资决策机制,提高未来项目成功率和投资收益,总结投资经验,为后续投资活动提供参考,提高投资管理水平。

3. 项目实施过程中,如果国家政策调整、项目实际情况变化达到法律规定的条件,应当重新履行投资决策程序。